文化吉林

前郭爾羅斯卷

弘揚長白山文化
打響吉林特色地域文化品牌

王儒林

　　吉林有文化，而且吉林文化有底蘊、有潛力、有特色、有希望。從前郭縣王府屯距今約一百萬年的石製工具到距今十六萬年的樺甸仙人洞和距今三萬年的榆樹人，從燕趙文化東進到漢武帝設四郡，從扶餘、高句麗、渤海文明的興衰更替到遼金、清朝問鼎中原，從抗日烽火、解放硝煙到新中國老工業基地的紅色記憶，從二人轉、吉劇、長影到吉林期刊、吉林歌舞和吉林電視劇現象，勤勞智慧、淳樸善良、勇於開拓的吉林人民在白山松水間創造出絢麗多彩的地域文化，成為中國文化版圖上一道獨特風景。

　　文化與山素來結緣，正如泰山之於魯，嵩山之於豫，黃山之於皖，長白山是吉林的象徵、吉林的品牌。吉林文化始終與長白山難捨難分、血脈相連，集中體現於長白山文化之中。長白山文化發源和根植於吉林沃土，是包容吉林各民族文化、蘊含吉林發展歷史、反映吉林人性格特質、凸顯吉林氣派的「大文化」；是中華民族「多元一體」文化的重要組成部分，源遠流長、博大精深，構成了吉林文化的骨骼和脊梁。在地域文化越來越受到人們關注、文化軟實力越來越成為衡量一個地區核心競爭力的重要指標的當今時代，大力弘揚作為吉林文化標誌性符號的長白山文化，把這份寶貴的文化資源保護好、挖掘好、利用好、開發好，對於打響吉林特色地域文化品牌，鑄造極具時代內涵的吉林精神，提升吉林文化軟實力，凝聚吉林改革發展正能量，無疑具有十分重要的現實意義。

近年來，我省大力推進以優秀吉林地域文化為主要內容的長白山文化建設，出臺了《長白山文化建設規劃綱要》，啟動實施了長白山文化建設工程，在長白山文化資源保護研究、挖掘整理、開發利用等方面做了大量工作，取得了顯著成績。我們要進一步加強長白山文化理論研究，豐富長白山文化內核和外延，進一步加強長白山文化遺產的發掘、保護和展示推介力度，擴大長白山文化的影響力，進一步加強對長白山文化內涵的拓展和提升，把長白山文化資源更好地轉化為文化產品、文化事業和文化產業，推動長白山文化建設躍上新臺階，推動吉林文化大發展大繁榮，為實現富民強省目標、中華民族偉大復興、中國夢做出貢獻。深入挖掘、研究、整理長白山歷史文化，既是一項宏大浩繁的系統工程，又是一項功在當代、利在千秋的基礎工程。希望有更多有識、有志之士投身長白山文化建設事業，讓這份寶貴的文化資源更好地服務於當代，惠澤於未來。

由省委宣傳部組織編撰的《長白山文化書庫》系列叢書，是長白山文化建設工程的重要標誌性成果。叢書從基礎研究、地方特色、主要藝術門類三部分，對長白山文化的歷史資源進行了全面細緻的挖掘和整理，堪稱長白山文化研究與普及的鴻篇巨製，不僅對研究和宣傳長白山文化大有裨益，而且對培育吉林文化品牌、樹立吉林文化形象也將產生積極的促進作用。在叢書即將付梓之際，謹表祝賀並向全體工作人員致以問候。

主編寄語

莊嚴

　　長白奇迤蘊靈秀，松江悠長毓文傑。千百年來，雄渾壯美的白山松水賦予了肥沃豐饒的吉林大地以生機和活力，滋養了吉林人民勤勞睿智、堅韌進取、寬容開放的精神品格，積澱了多元融合、底蘊深厚、色彩斑斕的地域文化。這獨具魅力的吉林特色地域文化猶如一株馥鬱芳香的花朵，在中華民族文化百花園中爭妍綻放。

　　文化是經濟發展之根，是社會發展之源。省委、省政府高度重視文化建設，制定出臺了《長白山文化建設規劃綱要》，把吉林省歷史文化資源工程列入宣傳思想文化工作「六大工程」之一。省委宣傳部深入貫徹落實省委、省政府的要求，開展《長白山文化書庫》建設，啟動實施了《文化吉林》叢書編撰工作，將其作為全省宣傳思想文化工作的重要舉措，周密部署，精心組織，強力推進，取得了預期成果，為全省人民奉獻了一份珍貴的精神食糧。

　　《文化吉林》叢書是《長白山文化書庫》中全景展現特色地域文化的重要組成部分。年初以來，我省廣大宣傳文化工作者以對家鄉、對歷史、對文化事業的高度責任感和使命感，不畏繁難，勤勉執著，嚴謹認真，精益求精，在資料收集、遺產挖掘、書稿撰寫等方面付出了大量艱辛的努力，進行了許多開創性的探索和實踐，圓滿完成了這次編撰任務。叢書編撰秉承傳播和弘揚吉林文化的理念，梳理總結吉林文化資源，提煉昇華吉林文化精髓，激發增強吉林人的文化自覺、文化自信，使優秀文化更好地服務於吉林的發展振興。

《文化吉林》內涵豐富，圖文並茂，辭美情摯，引人入勝，是人們認識吉林、瞭解吉林、研究吉林的概覽長卷，是吉林文化走向全國，面向國際的真誠心聲。叢書真實勾勒了吉林文化歲月滄桑的歷史縱深，生動展現了吉林文化多姿多彩的時代律動，帶我們走進吉林地域文化演進的舞臺，親身感受風雲激蕩的文化事件，出類拔萃的文化人物，領略淵深源遠的文化景觀，妙趣橫生的文化傳說，體驗琳琅紛呈的文化產品，淳樸濃郁的文化民俗。叢書將吉林文化的發展脈絡、現狀和未來，客觀詳盡地展現給廣大讀者，是一部能夠讀得進去、傳播開來、傳承下去的佳作精品。

　　鑒往以勵志，展卷當奮發。《文化吉林》這套融史料性、知識性、可讀性於一體的叢書，為我們進一步保護、研究、開發吉林地域特色文化提供了重要史料資源。作為後繼者，當代吉林人有責任、有義務肩負起將吉林文化充分融入社會主義核心價值觀，推動吉林文化發展進步的歷史使命，讓優秀傳統文化在繼承中創新，在創新中前行，在全國文化發展大格局中唱響吉林「聲音」，打造吉林文化品牌，樹立文化吉林形象。

目
錄

第四章・文化景址

第五章 · 文化產品

第六章 · 文化風俗

第
一
章

文化發展概述

郭爾羅斯歷史悠久，文化底蘊深厚。郭爾羅斯文化的形成和發展，自古以來就
經歷了一個從多元走向一元，從一元走向多元的對立統一的過程。在歷史長河
的流殤、激盪、沸騰不息的巨瀾中，逐漸形成了自己獨具風采的民族特色和地
域印記，這條歷史、民俗、民間文學相親相連的文化哈達，連接成了一條以草
原游牧文化為主色的傳承關係史。在其漫長的歷史歲月中，漁獵文化、游牧文
化、農耕文化相互碰撞、相互滲透、相互交融，構成了郭爾羅斯文化的多元性
和複合性，形成了特殊的地域文化──郭爾羅斯文化。

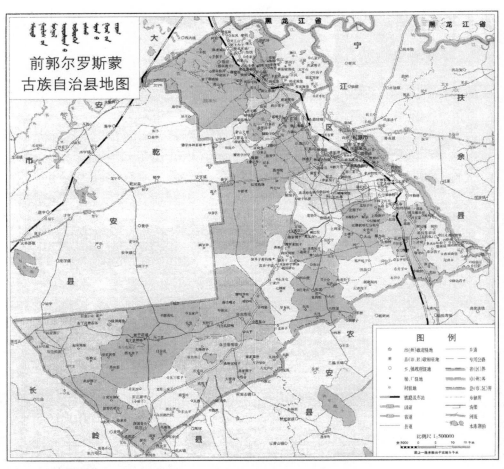

▲ 前郭爾羅斯蒙古族自治縣地圖

文化環境

　　郭爾羅斯自古以來，就是一塊納日月之精華，採八方之靈氣物華天寶、人傑地靈的風水寶地、聚財良地、吉祥聖地。這裡是三江（第一松花江、第二松花江、嫩江）交匯的地方，是三原（東北平原、松嫩平原、科爾沁大草原）重疊的地方，是三山（大興安嶺、小興安嶺、長白山）環抱的地方。前郭爾羅斯蒙古族自治縣位於吉林省西北部，地跨東經123°5′、125°34′，北緯43°17′-45°59′。北鄰第二松花江、嫩江，與松原市寧江區、黑龍江省肇源縣隔江相望；南與農安縣交界；西與長嶺、乾安縣毗鄰；北與大安市接壤。縣域東西長130公里，南北寬85公里，面積為6979.42平方公里，廓狀如一隻蒙古馬靴，穩穩地踏在歐亞大陸橋的東北部。海拔120-260米之間，西、南部地勢較高，略有山崗、丘陵起伏，東、中、北部地勢較低。境內有查干湖等大小湖泡二十七

▼ 三江合流沃平疇

處，較大自然泉三十七處。東北四大灌區之一的前郭灌區就在境內。地下礦產資源有石油、天然氣、泥炭、矽砂、油母頁岩、膨潤土等，其中石油蘊藏量極為豐富，有蒙古、漢、回、滿、朝鮮、錫伯等十五個民族，人口六十萬，其中蒙古族人口六點三萬人，約占總人口的百分之十一。

　　「郭爾羅斯」一詞源於蒙古古部落名「豁羅剌思」。「豁羅剌思」一詞，最早記載於一二四〇年七月成書的《蒙古秘史》，後來波斯人拉施特所編著的《史集》一書中也有出現。

　　郭爾羅斯，作為一個詞組可分解為「郭爾」和「羅斯」兩個詞。蒙古語「郭爾」，標準音可以記作「高樂」或「郭勒」，漢譯為河；蒙古語「羅斯」，標準音可記作「烏斯」，漢譯為水。故，郭爾羅斯，可通譯為「河水」一詞。當然，這個河即指嫩江與松花江而言。前郭爾羅斯，位於嫩江、松花江南岸。在蒙古語中「前」與「南」為同一詞，故，前郭爾羅斯，簡稱前郭旗，倒過來

▼ 前郭縣首屆「春晚」

亦可說郭前旗，即南郭爾羅斯。清代，稱郭爾羅斯前旗為南公旗，即出於此。所以，前郭爾羅斯，也可譯作「江南」之意。據考證，早在一三○○多年前，古青山頭人就在這裡繁衍生息。元朝時期，成吉思汗把郭爾羅斯分封給其二弟哈布圖‧哈薩爾，後一直尤其子孫世襲統轄，清初時期分為前後二旗。一九五六年一月，國務院決定撤銷郭前旗建制，成立前郭爾羅斯蒙古族自治縣。

　　郭爾羅斯歷史悠久，文化底蘊深厚。郭爾羅斯文化的形成和發展，自古以來就經歷了一個從多元走向一元，從一元走向多元的對立統一的過程。在歷史長河的流殤、激盪、沸騰不息的巨瀾中，逐漸形成了自己獨具風采的民族特色和地域印記，這條歷史、民俗、民間文學相親相連的文化哈達，連接成了一條以草原游牧文化為主色的傳承關係史。在其漫長的歷史歲月中，漁獵文化、游牧文化、農耕文化相互碰撞、相互滲透、相互交融，構成了郭爾羅斯文化的多元性和複合性，形成了特殊的地域文化——郭爾羅斯文化。漁獵文化和游牧文化在宗教上的共同信仰是薩滿教，這是二者能夠融合的基本點。農耕文化和游牧文化在宗教上的共同信仰是佛教，只是藏傳佛教和漢傳佛教的差異，這也是二者之間能夠融合的基本點。因此說，郭爾羅斯文化的形成和發展，與歷史、自然、地理、民族、宗教、哲學、風俗等等都有著悠久而密切的淵源的關係。

　　郭爾羅斯文化的內涵非常廣泛，不但有查干湖的「祭湖醒網」，還有蒙古族歌舞、郭爾羅斯歌舞等等。郭爾羅斯的舞蹈既有古樸典雅的民間舞蹈，如安代舞、盅碗舞、筷子舞等，也有寓意深刻的古典宗教舞蹈，如查瑪舞等。此外還有蒙古族特有的說唱藝術，如烏力格爾、好來寶；特有的樂器彈奏，如馬頭琴、四絃琴；特有的郭爾羅斯蒙古族婚禮、餐飲、祭祀及其他民間禮儀，如查干湖全魚宴、郭爾羅斯全羊席、查干湖風情宴以及席間唱歌、敬酒、獻哈達，蒙古族那達慕大會上的摔跤、射擊、狩獵、賽馬等。

文化事業

　　前郭爾羅斯蒙古族自治縣（以下簡稱前郭縣）是吉林省唯一的蒙古族自治縣。轄二十二個鄉鎮，十六個國有農林牧漁場，二百三十三個行政村。全縣現有文化館二個，博物館三個，圖書館一個，電影院一個，鄉鎮文化站二十二個，農家大院二三三個，農家書屋二三三個。多年來，在省、市主管部門的大力支持下，前郭縣大力推廣「種文化」模式，促進了文化事業蓬勃發展，豐富了人民群眾精神文化生活，並先後獲得「中國馬頭琴之鄉」「中國民間文化藝術之鄉」和「蒙古四胡之鄉」等多項殊榮。查干花草原文化館、縣文化館、縣民族歌舞傳習中心、縣圖書館先後被中宣部、文化部授予「服務農民、服務基層先進集體」榮譽稱號，查干花鎮被文化部命名為「中國民間藝術──民族歌舞之鄉」。

▼ 「紅星藝苑」走進前郭爾羅斯

▲ 「琴鄉水韻草原情」演出盛況

　　前郭縣堅持連續多年開展文化「三下鄉」活動，特別是二〇〇〇年以來，將「三下鄉」活動納入全縣績效考核體系，明確了相關單位的具體任務、完成時限和獎懲辦法，全縣文藝演出、贈送圖書和電影放映的數量逐年增加。

　　前郭縣的「送戲下鄉」活動，由縣文化館、縣民族歌舞傳習中心和查干花草原文化館三個單位負責，每年演出場次達到一七〇場以上。縣文化館圍繞農村的特點和農民的需求，編排鄉土氣息濃郁、群眾喜聞樂見的文藝節目，每次出動小客車一輛、流動舞台車一輛、人員三十人左右，深入廣大農村演出。縣民族歌舞傳習中心的演出以歌曲、舞蹈和器樂演奏等形式為主，陣容較大，每次出動大客車一輛、流動舞台車一輛、演員五十人以上，演出地從鄉鎮集市延伸到各村屯、社區。查干花草原文化館演出則以蒙古族琴書、好來寶、民歌和民族樂器演奏為主，主要集中在前郭縣西部蒙古族群眾聚居的鄉鎮、村屯，深受廣大群眾喜愛，被蒙古族群眾譽為「宴席上的奶酒、生活上的伴侶」。

　　前郭縣的農家書屋實現了行政村全覆蓋，而且全部達到建設標準，配發圖書近四十六萬冊、光盤九七〇〇餘張。在全省率先實行了農家書屋「總分

館」制管理，即以縣圖書館為總館，以四十二個農家書屋為分館，建立農家書屋總分館書庫，藏書六三〇〇〇餘冊，在圖書配送和流通環節上實行「一卡通」。即每個分館和書屋各持一卡，隨時到總館或分館更換圖書，每次可更換一千冊以上。

目前，前郭縣各鄉鎮在重要節日以及農閒時間都會組織開展文體活動，如七・一歌詠會、八・一籃球賽、新年聯歡會、春節大秧歌匯演等。二〇一〇年，縣裡舉辦了「松原市民間藝術作品展」，展出工藝製作及各類收藏作品六百餘件。在二〇一三年開展的「農民文化活動月」中，全縣三分之一的鄉鎮自發組織了農民文藝演出活動，並成功舉辦了「全縣農民文化活動月優秀節目展演」活動，各地農民文藝骨幹表演了二十五個各具特色的節目。另外，為了鼓勵全縣文藝工作者的創作熱情，縣裡設立了「郭爾羅斯文化獎」，並組織開展「文化名人」評選活動。先後有五十九名文藝工作者獲得「郭爾羅斯文化獎」、十名文藝工作者獲得「文化名人」榮譽稱號。

▲ 廣場文化

文化館

　　1949年初，前郭旗政府開始建立民眾教育館，後期改叫文化館。1964年4月搬遷到新館，設文藝輔導組、創作輔導組、美術組和辦公室，並修建了240平方米的展覽廳和12平方米的新聞片展覽櫥窗。「文革」期間，縣文化館改稱「毛澤東思想宣傳站」。1972年恢覆文化館名稱，隸屬縣文化局。2003年，文化館建築面積達到2700平方米，設有小劇場一個、會展中心一個、舞蹈排練廳二個和活動室三個。

　　1986年以後，文化館開展文藝匯演、書畫展覽、業務培訓、業餘文學創作等活動，開始進入發展軌道，尤其是春節秧歌匯演、元宵節焰火晚會成為自治縣每年「三節」期間的重要文化活動。2000年，文化館在查干花鎮組織的「草原群眾文藝專場演出」，場面宏大，觀眾達到五萬餘人，吉林衛視「鄉村大舞台」攝製組錄製了此次演出，並多次在吉林電視台播出。2004年，文化館在查干湖舉辦了「聖湖金秋」草原那達慕。2010年，由文化館創編的曲藝作品《小

▲ 送戲下鄉

村黃昏》、歌曲《薩日朗》在第九屆中國藝術節中首次榮獲國家文化部最高獎「群星獎」，填補了松原市這一獎項的空白。2011年12月，文化館組織優秀節目參加全省農村文化大院文藝展演，獲優秀組織獎和優秀表演獎。2012年，由文化館輔導的中老年健身秧歌參加全國農運會健身秧歌比賽，獲第二套規定套路二等獎、自選套路三等獎。2013年創編的小品《選種子》在全省群眾文化「群星獎」小品類評比中榮獲作品類「群星獎」，歌曲《弘吉剌姑娘》被第十屆中國藝術節組織委員會評為「喜迎十藝節，全民共歡樂」全國群眾文化優秀節目惠民展演活動「展演獎」。

　　1994年，縣文化館被吉林省文化廳授予「十優文化館」稱號；1996-1998年，連續三年被吉林省文化廳、吉林省財政廳授予「先進集體」稱號；2000年，被吉林省文化廳、吉林省人事廳授予「全省文化先進集體」稱號；2005年被中宣部、文化部評為「全國服務農民、服務基層文化工作先進集體」；2008

▲ 正月十五燈謎會

▲ 中小學生書畫展

年被《吉林日報》社會信譽百姓評價組委會評為「百姓口碑最佳優質單位」；2008年和2011年兩次被國家文化部評定為「國家一級文化館」。

圖書館

　　1956年，剛剛成立的自治縣在原旗文化館圖書室的基礎上設立圖書館。館舍面積160平方米，館內藏書萬餘冊，報紙四十種，各種期刊雜誌百餘種。現在，縣圖書館的建築面積達到3000平方米，內設部室六個、對外服務窗口12個，藏書25萬冊，是集自動化、現代化、網絡化管理於一體的公益性、綜合性圖書館。

　　1986-2000年，縣圖書館開設的農村圖書流動點逐漸延伸到各個行政村，先後建成了套浩太鄉鹼巴拉村和烏蘭圖嘎鎮大德營子村兩個圖書流動點。2000年9月，在八郎鎮北上檯子村農民於海友家建立了全縣第一個「農民圖書科技

之家」。2000年12月，縣圖書館建成了吉林省圖書館系統首家電子閱覽室，這是集閱覽、諮詢、培訓為一體的現代化電子閱覽室設施。閱覽室由25台17吋純平彩顯計算機共同聯網，通過機讀目錄檢索文獻資料。投入使用後，大大方便了讀者閱讀，受到普遍好評。2006年，前郭縣被列為共享工程試點縣，縣圖書館開始實施共享工程基層服務點建設，探索建立「農家書屋工程暨總分館制」。目前，全縣農家書屋工程已全部建設完成，實現了22個鄉鎮、233個行政村全覆蓋。2009年，又開發建設了前郭縣圖書館門戶網站。現如今，「國家數字資源800G」鏈接了全館共享工程網站、阿帕比電子圖書首頁、館藏目錄檢索數據庫和地方文獻數據庫等，年接待讀者25萬人次，圖書流通10萬冊次，舉辦各類讀者活動29項，參加活動人數達3萬人次，解答讀者諮詢800條。全年363天實行免費開放服務，中午、節假日不休息。

1994年，縣圖書館被吉林省文化廳評為全省十優圖書館；1995-1997年，連續三年被吉林省文化廳評為全省優秀圖書館；2009年，縣圖書館支中心被全國文化信息資源共享工程吉林省份中心評為「優秀縣級支中心」；2012年，圖書館共享工程縣級支中心被國家文化部評為「全國文化信息資源共享工程·公共電子閱覽室示範點」，獲得文化部「國家縣級一級圖書館」「文明圖書館」稱號，被中宣部、國家文化中、國家新聞出版廣電總局評為「第五屆全國服務農民、服務基層文化建設先進集體」，被吉林省人民政府授予「吉林省服務農民服務基層文化建設先進集體」稱號，2009年至2012年被吉林省精神文明建設指導委員會評為全省「精神文明建設工作先進單位」榮譽稱號。

博物館

郭爾羅斯博物館成立於2004年6月1日，總面積1400平方米，內設歷史、民俗、自然三個展廳，館藏歷史及民俗文物5300多件，其中珍貴文物340餘件。為了更好地保護與利用民族文化遺產，前郭縣還在查干湖旅遊區建設了成吉思汗召、王府陳列館兩個博物館。

▲ 普及文物知識

　　郭爾羅斯博物館內分三個展廳：第一展廳為「歷史展廳」，以模型、景廂、沙盤、繪畫、雕塑、實物等形式充分展現了前郭縣從舊石器時代晚期、新石器時代、遼金時期到元明清、民國的歷史。第二展廳為「民族民俗展廳」，以原景再現、實物、繪畫等形式介紹展示了蒙古民族衣食住行、生產生活、宗教信仰、文體娛樂等民風民俗。第三展廳為「自然資源展廳」，以景箱、實物標本形式介紹展示了前郭縣境內水產、植物、畜牧、濕地、鳥類等豐富的自然資源。

　　2009年1月，郭爾羅斯博物館開始面向社會免費開放。同時，還不定期地組織縣內機關幹部、中小學生進行集體參觀。通過參觀講解，全縣幹部群眾、特別是中小學生都能夠進一步瞭解家鄉、熱愛家鄉，極大增強了他們的愛國主義熱情。

　　由於郭爾羅斯博物館陣地作用的不斷發揮和社會影響力的不斷加大，得到

了各級黨委政府和社會團體的認可，先後被吉林省委、吉林省人民政府命名為「吉林省愛國主義教育基地」；被吉林省國教辦命名為「吉林省國防教育基地」；被中國科學技術協會命名為「全國科普教育基地」；被國家民族事務委員會命名為「全國民族團結進步教育基地」。

民族歌舞傳習中心

2012年，前郭縣民族歌舞團在全省文化體制改革後，重新命名為前郭縣民族歌舞傳習中心。

1956年1月，著名蒙古族四絃琴演奏家蘇瑪應邀參加中國文化代表團，赴捷克斯洛伐克參加「第十一屆布拉格之春」國際音樂節。在這次盛會上，蘇瑪以其優美的曲調、嫻熟的技巧演奏了《趕路》《悶弓》《八音》三首四弦獨奏曲，受到熱烈歡迎，贏得了世界各地藝術家的高度讚譽。1957年，郭前旗人民政府借此機會，申請組建了民族歌舞隊。1959年9月1日，經吉林省文化廳批准，民族歌舞隊改稱民族歌舞團，屬公益性文化事業單位，是吉林省唯一的以蒙古族音樂、舞蹈表演為主的專業藝術團體。「文革」開始後，縣民族歌舞團同全國其他藝術團體一樣停止了一切演出活動，直到1979年恢復。目前，縣民族歌舞傳習中心占地面積4000平方米，一樓為小型劇場，面積600平方米，可用於小型匯報演出和會議接待使用；二、三樓設有多功能排練廳，可容納60人排練演出。該中心舞美設施齊全，舞台規模達到省內領先水平，擁有演職人員160人，專業技術職稱123人，其中，國家一級演員2人，二級演員8人，三級演員35人，形成了集創、編、演於一體的專業團隊，是吉林省三家經國務院批准的專業少數民族表演藝術團體之一。

多年來，民族歌舞傳習中心一直辛勤耕耘，創作了一批又一批喜聞樂見、影響深遠的藝術精品。《難忘前郭爾羅斯》《我的根在草原》《查干湖》等歌曲已耳熟能詳，《年年有餘》《火紅的薩日朗》、大型樂舞詩《查干湖》等舞蹈已被世界認知。女中音歌手額爾丹演唱的《美麗的查干湖》在1992年全國少數民

▲ 「郭爾羅斯組合」參加「青哥賽」

族青年大賽中榮獲三等獎；趙金寶等九名樂手演奏的馬頭琴齊奏《歡樂的牧場》《奔騰》，在1996年首屆中國色拉西馬頭琴大賽中榮獲二等獎；蒙古族長調歌手柏拉演唱的《小黃馬》，在1997年全國「孔雀杯」青年歌手大賽中榮獲優秀演員獎。2006年，在自治縣成立五十週年慶祝大會上，由他們主創的一一九九把馬頭琴齊奏創造了吉尼斯世界紀錄。2008年奧運火炬傳遞途經松原時，他們又以二〇〇八把馬頭琴齊奏刷新了此項記錄，前郭縣也被中國民族管絃樂學會命名為「中國馬頭琴之鄉」。2011年，前郭縣民族歌舞傳習中心榮獲全國「服務農民、服務基層」大獎。

查干花草原文化館

　　1955年4月，郭前旗人民政府在查干花區建立了草原文化站。1957年7月，

在草原文化站的基礎上成立了草原文化館。1966年，草原文化館的民族文藝隊改稱文藝宣傳隊，1984年再次更名為業餘烏蘭牧騎文藝隊。經過多年的發展，目前，草原文化館擁有六百平方米的綜合辦公樓和一三○○平方米的文化活動廣場。館內設有圖書閱覽室、文藝輔導室、文化信息資源室、科技展室、文體展室、多功能活動廳，並擁有一支享譽省內外的烏蘭牧騎藝術團。演員包朝格柱為國家非物質文化遺產烏力格爾項目代表性傳承人；包嘎日迪等六人分別是馬頭琴音樂、郭爾羅斯婚禮、英雄史詩、筷子舞等吉林省非物質文化遺產保護項目的代表性傳承人。

多年來，草原文化館注重發揮職能作用，堅持創編新的曲目和劇本，創作出很多老百姓喜聞樂見的藝術作品，極大地豐富了農牧民業餘文化生活。2006年，文化館自主創編的烏力格爾劇目《李豔榮訂親》，在全國第五屆烏力格爾大賽中榮獲創編一等獎，表演二等獎。2010年，他們選送的長調歌曲、馬頭琴演奏等節目在上海世界博覽會進行展演，贏得了國內外的普遍讚譽。2012年，他們還選送作品《薩滿祭敖包》參加了「八省區吉魯根杯祝頌詞、祝讚詞大賽」，榮獲三等獎。2013年，草原文化館又選送雙人好來寶作品《歷史問答》參加中國第十屆藝術節暨曲藝門類比賽，榮獲金獎。

1993年，查干花草原文化館被吉林省文化廳命名為「有民族特色文化館」，查干花鎮被命名為「民族特色文化鎮」；1996年被文化部評為「全國文化百鎮輻射工程先進鎮」，被吉林省人民政府評為「特色文化館」「標準文化館」「全省文化工作先進單位」；2003年被文化部命名為「中國民間文化藝術之鄉」，被國家民委評為「國家民委民族文化工作連繫單位」，被中宣部、文化部授予了「全國服務農民服務基層先進集體」稱號；2004年，被評為「全國文化信息資源共享工程基層中心」。

第二章
——

文化事件

當前郭縣民族歌舞團的演員們站在異國的舞台上，當來自郭爾羅斯草原淳厚甜美的歌聲響起時，當蒙古族姑娘和小夥跳起熱情奔放的優美舞蹈時，加拿大的觀眾、海外僑胞及參加藝術節的各國藝術家們沸騰了，並給予了高度評價。

草原上的傳奇著作《蒙古秘史》探究

　　《蒙古秘史》大約成書於一二四一年，是一部記述蒙古民族形成、發展、壯大曆程的歷史典籍，是蒙古民族現存最早的歷史文學長卷，也是世界文化遺產。蒙古族著名學者蘇赫巴魯曾這樣評價：《蒙古秘史》是蒙古汗國時期的「國史」，是「蒼狼之血」與「白鹿之乳」凝聚的「聖書」；是蒙古歷史、文學的「族碑」；是中國民族璀璨文化的「鏡鑑」；是世界文庫中的「瑰寶」。在聯合國教科文組織執委會第一三一次會議上，《蒙古秘史》被確定為世界歷史名著、文學經典。正是《蒙古秘史》的出現，才誕生了「秘史學」乃至「蒙古學」，並形成國際性學科。

　　據《蒙古秘史》書末記載：「召開大忽里勒台，鼠兒年七月，在客魯漣河闊迭額・阿剌勒的朵羅安勃勒答黑、失勒斤扯克兩地之間駐紮行宮時撰完。」根據這個記載，《蒙古秘史》的成書年代大約是一二四一年。

▲ 薛赤兀兒畫像

　　已故的著名蒙古學專家巴雅爾教授標音的《蒙古秘史》代前言《關於〈蒙古秘史〉的作者和譯者》中，對成吉思汗的最高斷事官失吉忽禿忽、「必者赤」長（必者赤，即主文的令史官）怯烈歌等一一做了考證。他最後說：「薛赤兀兒——蒙古豁羅剌思（今郭爾羅斯）部人。一二〇六年，成吉思汗大封功臣時命為千戶官，後為必者赤。」「是蒙古帝國的開國功臣。後來調任禿魯花（御林軍）必者赤，成為皇帝的左右。」「綜上所述，我們認為《蒙古秘史》的作者，不會是別人，而只能是右丞相鎮海、必者赤長怯

烈歌、必者赤薛赤兀兒等人。」

蘇赫巴魯的《郭爾羅斯文化叢書》（10卷本）第三卷，即《郭爾羅斯文物古蹟及人物》的「下編」裡，有一篇人物傳略《薛赤兀兒——〈蒙古秘史〉作者之一》寫到：「薛赤兀兒，蒙古豁羅剌思（即郭爾羅斯）部一支的酋長，『伊克・忙豁倫・兀魯思』（成吉思汗大蒙古汗國）『千戶長』，《忙豁倫・紐察・脫察安》《蒙古秘史》）編著者之一。」

著名滿族民俗學家王迅也考證，薛赤兀兒是古郭爾羅斯人。他著文指出：「郭爾羅斯國一二○二年被收服後，郭爾羅斯的根未斷，部族意識未泯。一二○二年後，不僅載入史冊的哈薩爾王妃阿勒坦、憲宗皇后火里差自認屬郭爾羅斯人，載入史冊的將領薛赤兀兒，曾任明洪武翰林侍講、參加編修《華夷譯語》、翻譯《蒙古秘史》的火原潔等也自認屬郭爾羅斯人。」由此可見，《蒙古秘史》的漢譯者之一的火原潔也是郭爾羅斯人。

蔡家藝《明朝轄境內的蒙古人》云：「火原潔，火魯剌氏人」；道潤梯布《新譯簡注〈蒙古秘史〉自序》云：「火原潔蓋係蒙古火魯剌思氏人。」即豁羅剌思——郭爾羅斯氏人。

綜上所述，郭爾羅斯自古以來就是蒙古文化最發達的地區之一，郭爾羅斯之名，因《蒙古秘史》一書而得名。

▋郭前旗大同會成立

郭前旗大同會於一九四五年八月成立，是郭爾羅斯前旗蒙古族革命青年組織，是中國共產黨領導的黨的外圍群眾組織。中共中央組織部在給予大同會的評價中指出：該組織「在人民解放戰爭中起了作用，這應予以充分肯定。」由此，郭前旗大同會載入了中國人民解放戰爭史冊。

在世界反法西斯戰爭勝利前夕，全國人民在中國共產黨的領導下，八路軍、新四軍和全國各抗日部隊一起，同仇敵愾，對日本帝國主義侵略者展開全面反攻，抗戰勝利在望。當時，郭爾羅斯前旗的蒙古族青年高萬寶扎布、拉西道爾吉、胡力陶皋、烏爾圖等人受進步書刊的影響和當時蘇聯、蒙古革命形勢的鼓舞，特別是受到中國共產黨領導全國人民進行抗日戰爭的激勵，自覺地聚集到一起，祕密成立了「蒙古青年革命同盟會」。與此同時，中國共產黨地下黨員劉建民受組織派遣，來到郭爾羅斯前旗開展群眾工作，遇見了高萬寶扎布等人。劉建民十分支持同盟會的工作，並提出很多具體的指導意見。

為進一步團結蒙、漢各族青年，擴大革命隊伍，在劉建民的參與下，將蒙古革命青年同盟會改名為郭爾羅斯前旗大同會，取孫中山先生「世界大同」之意，並於一九四五年八月十七日，在郭前旗教育會館公開掛牌成立。當時有青年學生、知識分子及各界代表三十餘人參加大會。

大同會成立後，劉建民曾多次為大同會骨幹講課培訓，並派出積極分子參加中共長春市委舉辦的馬列主義讀書班，自辦油印小報《曙光報》，組織青年們演出、畫漫畫、張貼標語、散發傳單等，積極宣傳共產黨的主張和政策，號召郭爾羅斯前旗蒙漢人民團結起來鬧革命。大同會的成立，不僅在思想上、政治上對郭爾羅斯前旗蒙漢人民提高革命熱情起到了促進作用，更對前郭縣的民族文化發展起到了積極的促進作用。

郭前旗蒙古騎兵獨立團參加開國大典

在前郭爾羅斯的英雄史上，蒙古騎兵獨立團可謂赫赫有名，它是在解放戰爭時期郭前旗蒙古革命青年進步組織「郭前旗大同會」的基礎上發展形成的，後編入中國人民解放軍。蒙古騎兵獨立團先後清除了內部叛匪，消滅了旗內土匪絡子，參加了三下江南、四保臨江、圍困長春、攻打四平的戰鬥和黑山戰役，威震敵膽，被稱為「常勝鐵騎部隊」。

一九四六年三月，吉江省委、行署、軍區駐地由洮南遷至郭前旗。為了團結蒙古族上層人士和爭取改造偽地方武裝，吉江省軍區將當時尚存的陳達利治安隊、包青俊保安隊同蒙古革命軍合編，成立吉江軍區「蒙古騎兵獨立團」。蒙古騎兵獨立團成立後，一直駐守在郭前旗的王府、新廟、大老爺府等地，參加了農安東部、長嶺、乾安等地區的剿匪工作，在安廣、懷德、長春等地區，又完成了打擊國民黨軍隊和土匪的戰鬥任務。後來，又參加了東北全境解放和全國的解放戰爭，立下了纍纍戰功。

一九四九年十月一日，在天安門廣場舉行的開國大典閱兵式上，郭前旗蒙古騎兵獨立團作為解放軍受檢閱的騎兵隊伍，受到了毛澤東、朱德等黨和國家領導人的檢閱，從而把草原人民的英雄氣魄永遠地融進了祖國首都的記憶裡，在前郭縣民族文化歷史上也留下了異常濃重的一筆。

中國第一部蒙戲實驗劇目創編

　　二十世紀五〇年代末，吉林省根據上級指示精神，興起了創建新劇種的熱潮，白城地區也廣泛開展了創建本地新劇種活動，前郭爾羅斯蒙古族自治縣的蒙古戲就是在這個大背景下開始創作的。

　　一九六〇年五月，前郭縣評劇團和民族歌舞團聯手開始蒙戲的研討和創作。時任前郭縣評劇團團長的王長芳與文化館輔導幹部王迅、民族歌舞團詞曲作者蘇赫巴魯等採編骨幹多次開會商討題材內容、表演形式。最後，他們以著名的蒙古族民間故事家白音倉布蒐集整理的蒙古族民間故事《抱斧成親》為素材，成功創作了蒙戲實驗劇目《斧劈小王爺》。《斧劈小王爺》講述的是在舊社會王公貴族統治下，失去了人身自由的女奴又失去了愛情，還要飽受王爺的蹂躪，最終「抱斧成親」的悲慘故事。作品有力地鞭撻了舊社會罪惡的婚姻制度。

　　《斧劈小王爺》於一九六四年創編完成，由前郭縣評劇團和民族歌舞團在縣內舉行公演，引起極大的轟動。之後，《斧劈小王爺》又多次參加白城地區匯演和全省新劇種觀摩演出，還應邀到吉林省其他縣區和遼寧省的瀋陽市、本溪市進行了多場演出，受到普遍歡迎和好評。

▌前郭縣民族歌舞團首次赴國外演出

　　前郭縣民族歌舞團積極打造民族文化品牌，依託郭爾羅斯深厚的文化底蘊和豐富的人文資源，集中力量創作、編排、演出了一批高質量的、體現時代特色和浪漫草原風情的民族歌舞劇目，得到了觀眾的認可和讚譽。一九九一年，應第三屆世界民族民間藝術節組委會的邀請，經國家文化部、國家民委批准，前郭爾羅斯蒙古族自治縣民族歌舞團代表中國民族藝術團於六月二十三日至七月二十三日訪問加拿大，參加世界民族民間藝術節，進行文化交流，開展民間外交活動。此次出訪，中國民族藝術團演出人員共有二十九人，其中，前郭縣民族歌舞團就有二十三人參加演出，演出節目百分之九十五由縣民族歌舞團承擔。這是自建國以來，第一次由縣級歌舞團代表國家出國開展演出活動。

▲ 亞洲藝術節演出盛況

接到參加演出邀請後，縣民族歌舞團高度重視，精心準備，認真排練。他們在資金和演職人員緊張的情況下，聘請專家執教，招收優秀隊員，把精力用在提高節目質量、征服觀眾上。經過一百天的強化集訓，演員們表演的每一個節目的藝術質量都達到了很高的水準。在此基礎上，他們加強愛國主義教育，增強演員們的責任感和使命感。當前郭縣民族歌舞團的演員們站在異國的舞台上，當來自郭爾羅斯草原淳厚甜美的歌聲響起時，當蒙古族姑娘和小夥跳起熱情奔放的優美舞蹈時，加拿大的觀眾、海外僑胞及參加藝術節的各國藝術家們沸騰了，並給予了高度評價。

　　加拿大第三屆世界民族民間藝術節共有玻利維亞、土耳其、法國、捷克斯洛伐克、南斯拉夫、美國、加拿大、中國等八個國家參加。在藝術節召開的十五天時間裡，中國藝術團先後在拉西爾市、康沃爾市巡迴演出。藝術節結束後，他們又應邀到格蘭卑市、多倫多市，為華人社團進行演出。此次出訪，歷時一個月，演出五十多場，觀眾達六萬多人次。康沃爾市藝術節主任看完中國

▲ 前郭縣歌舞團走出國門

藝術團的演出後，在電視台專題節目中發表了電視講話，他說：「在第三屆藝術節的所有節目中，中國藝術團的節目無疑是最精彩的，中國藝術家們的精彩的表演，給康沃爾市藝術節寫下了光輝的一頁。」一九九二年十月，縣民族歌舞團兩次應國家民委、文化部的邀請參加在北京舉行的第一、二屆中國民族文化博覽會的演出，獲得巨大成功，被譽為「民族藝苑中的一朵奇葩」。

查干湖冬捕文學筆會掠影

二〇〇二年以來，查干湖旅遊經濟開發區和前郭縣文聯多次聯合舉辦了查干湖冬捕文學筆會活動，挖掘查干湖的文化內涵，展示查干湖冬網捕魚奇觀，以文會友，促進交流，擴大了查干湖知名度和美譽度，打造了查干湖特色旅遊品牌，促進了查干湖旅遊經濟的快速發展。

二〇〇二年七月，縣文聯邀請張笑天、鄂華、喬邁、曹保明、蘇赫巴魯、宗仁發、呂春第、薛衛民、趙培光等二十餘名著名作家、詩人在查干湖舉辦了文學筆會。筆會結束後，與會作家、詩人紛紛撰文讚美前郭爾羅斯，讚美查干湖，《吉林日報》「東北風」為此開闢了專欄。

二〇〇四年，著名蒙古族作家，原中國作家協會黨組副書記、中國少數民

▲ 查干湖冬捕

▲ 冬補奇觀

族作家協會主席瑪拉沁夫，內蒙古作家協會主席扎拉嘎胡等先後來查干湖採風，並撰文在國家級報刊上發表。

「2005中國‧吉林查干湖第四屆冰雪捕魚旅遊節」期間，縣文聯隆重舉辦了「中國‧吉林查干湖冬捕文學筆會」。著名詩歌理論家、北京大學教授謝冕，著名詩人、雜文家、原《詩刊》副主編邵燕祥，國家一級作家、戲劇家、中國少數民族文化藝術基金會理事超克圖納仁，當代詩歌評論家、首都師範大學教授吳思敬，著名詩人、《詩刊》編輯室主任林莽，中國社會科學院文學研究所劉福春、陳素琰、高桂香，著名蒙古族作家蘇赫巴魯、包廣林以及市縣骨幹作者五十多人參加了筆會活動。

此次筆會由採風和筆會兩部分組成。十二月二十七日，筆會採風團成員參加了「2005中國‧吉林查干湖第四屆冰雪捕魚旅遊節」開幕式，並觀看了具有濃郁蒙古族宗教色彩的祭湖醒網儀式。在隨後舉行的「頭魚拍賣」活動中，著名詩歌理論家、北京大學教授謝冕撈起了第二條頭魚，並在當場拍賣。經過競

拍者的一番角逐，最後以2099.00元的高價賣出。此消息在國內相關媒體上發布後，產生了很大的影響，極大地激發了國內詩歌界齊聚查干湖的興趣和決心。在二十八日舉行的筆會上，與會者暢談了此次查干湖之行的印象和感受，並講解了相關的文藝理論。劉福春被查干湖旅遊經濟開發區聘為「查干湖文化大使」。會後，各位專家紛紛揮毫潑墨題詞、題字留念。

之後，在二〇〇六年和二〇〇七年的查干湖冰雪捕魚旅遊節期間，查干湖冬捕文學筆會也都如期舉行，吉林省作家協會《作家》雜誌主編宗仁發，時代文藝出版社副總編輯張洪波，中國作家協會《中國作家》雜誌編委郭小林，內蒙古文聯主席阿雲嘎，著名劇作家超克圖納仁，原長春市文聯黨組書記、作家侯樹槐，原長春市文聯副主席、作家于笑然，長春市文聯副主席、作家王長元，內蒙古作協副主席、《草原》雜誌主編尚貴榮，內蒙古錫林郭勒盟委宣傳部副部長、盟文聯黨組書記伊勒特，《草原》雜誌編輯部主任辛傑，《內蒙古日報》記者博爾姬‧塔娜以及邢偉、徐克、鄭和平、宋雪峰、劉春等作家、詩人先後出席，並有作品發表。

《聖水湖畔》引發的「熱效應」

由松原籍作家何慶魁、王永奇編劇、松原籍著名表演藝術家高秀敏主演的二十集電視劇《聖水湖畔》拍攝於查干湖。《聖水湖畔》於2004年6月6日正式開機，2005年4月3日，開始在中央電視台一套黃金時段正式播出。

據央視索福瑞的調查顯示，《聖水湖畔》在中央電視台播出後，第一週平均收視率是5.8，第二周便突破了6，遠遠超過《新聞聯播》。而在黑龍江省，《聖水湖畔》最高收視率突破24，平均收視率高達14.05。

隨著《聖水湖畔》的熱播，查干湖真正成為前郭縣旅遊產業的標誌性品牌，成為廣大遊客到吉林旅遊的首選之地。據旅遊部門不完全統計，《聖水湖畔》播出後的第一個「五‧一」黃金週期間，查干湖旅遊經濟開發區共接待遊客13.6萬人次，實現旅遊綜合收入3808萬元。自2005年5月1日開始，慕名前來觀光的省內外遊客從四面八方湧入度假區各個景點。當天的遊客數量就達到了32000多人，是上年同期的十倍。一時間，查干湖各個景點和街路車水馬龍，遊人摩肩接踵，絡繹不絕，再現了2002年查干湖蒙古族民俗旅遊節萬眾齊聚的火爆場面。在眾多遊客中，外省市遊客占較大比例，黑龍江、遼寧、內蒙古等省區的幾十家旅行社，紛紛將查干湖畔的自然風光、民族風情遊作為「五‧一」期間重點推薦的旅遊線路，並進行大力的宣傳促銷。同時，查干湖旅遊經濟開發區充分發揮《聖水湖畔》的宣傳效應，及時推出了「觀《聖水湖畔》，到『馬蓮』家做客，品聖湖魚宴」休閒假日遊等系列活動，開闢了「聖水湖畔」拍攝地「農家樂園」旅遊線路和「種農家菜園、品農家飯菜、賞農家風情」等遊客參與性較

▲ 《聖水湖畔》劇照

強的互動遊樂項目，吸引了越來越多的遊客。

黃金週期間，查干湖旅遊度假區內的各大賓館、飯店、漁村、農家旅館及《聖水湖畔》拍攝基地農家樂園均客源爆滿。遊客們在這裡休閒娛樂，盡情享受著湖光美景。湖中遊艇、竹筏、烏蓬船等往來穿梭；湖畔騎馬、射箭的遊客笑語歡聲；廣場民族歌舞表演、《聖水湖畔》影視文化遊主題篝火晚會等豐富多彩的旅遊活動為廣大遊客展示了濃郁的民族風情；全魚宴、烤全羊、烤湖魚和多種民族風味小吃更讓四方遊客大飽口福……他們置身聖水湖畔，領略大湖風光，感受民族風情，假日旅遊的快樂溢滿身心……

查干湖的原生態之美，前郭縣濃郁的蒙古族民俗風情隨著《聖水湖畔》的熱播，聲名遠颺，令人神往。

▼ 聖水湖畔

中國・吉林「查干湖杯」海內外徵聯大賽

自松原籍作家何慶魁一部電視劇《聖水湖畔》在中央電視台黃金時段熱播以來，查干湖名聲大振，響徹四海。這是郭爾羅斯人與文化聯姻，打造查干湖特色旅遊品牌，擴大查干湖知名度與美譽度的一個傑作，影響深遠，意義巨大。

為了給查干湖眾多美麗而富有蒙古族民族特色的旅遊景點增加傳統文化內涵，促進查干湖旅遊經濟的發展，同時迎接二〇〇六中國・吉林查干湖蒙古族民俗旅遊節，慶祝前郭爾羅斯蒙古族自治縣成立五十週年，前郭縣決定再次與文化聯姻。此次聯姻的文化對象選擇的是中國傳統文化瑰寶之一──楹聯。用古色古香、歷史悠久、底蘊豐富、文化厚重、簡潔明快的中華民族傳統文化藝術形式為查干湖景區、景點畫龍點睛，無疑是給景區增加最大的人文亮點，是一個睿智的選擇。這樣一來，景以聯傳，景借聯彰，查干湖必將因楹聯而萬古傳頌。

二〇〇五年七月初，借二〇〇五中國・吉林查干湖蒙古族民俗旅遊節「郭

▼ 聖湖歡歌

爾羅斯我的家」楹聯書畫展活動的東風，查干湖旅遊經濟開發區及縣文聯邀請吉林省楹聯家協會籌備組於瞿非等一行六人來查干湖景區採風。期間，籌備組成員深為查干湖的美麗與關東蒙古族民俗的大野風情所傾倒，並深憾景區因沒有楹聯，而使風景缺少文化內涵，文化品位之不足。雙方決定以查干湖景區為主題，在海內外搞一次大徵聯活動，讓海內外楹聯名家為查干湖吶喊助威，爭光添色，增加查干湖旅遊經濟發展後勁。

二〇〇六年三月，《中國楹聯報》用兩個整版套紅刊登了此次徵聯大賽啟事，至此，歷時半年多的組織與籌備，中國·吉林「查干湖杯」海內外徵聯大賽終於拉開了帷幕。徵聯大賽得到了海內外聯界及文化教育界的普遍關注。《中國楹聯報》自首發啟事後，又前後四次刊登該信息，吉林省楹聯家協會向海內外名家發出近六百件邀稿函及樣報。同時在《根——中國文學論壇網》上開闢了投稿專欄。台灣聯友、謎家徐添河先生將大賽啟事兩次刊於台灣高雄市謎會《謎萃》雜誌，並複印啟事分寄美國、香港及台灣的台北、台中、鹿港、高雄等地的諸聯友，其熱心摯誠感人。

大賽自刊出啟事至截稿期，共收到全國各地以及香港特別行政區、美國等地的應徵聯稿一萬餘副和一四八件書法對聯。從參賽選手來看，聯界高手名家

▼ 一飛沖天

紛紛出手，爭展雄才；名不見經傳者亦踴躍來稿。年齡方面，上至九十高齡的耄耋老者，下至十三歲孩童均欣然命筆，投稿參賽。有眾多熱心者亦是高產作者，寄稿最多者為吉林省著名作家楊子忱先生，先後寄聯九十副，幾下筆不能自休；台灣八十四歲洪寬志老先生寄稿達二十七副。小賽手的積極性也是頗值一提的，東北師大附中初中部組織全體學生創作了三一三副楹聯，體現了省楹協努力抓中小學楹聯教育的成績。好多參賽者多次投稿，反覆修改字句，令人感動。由於可寫景點眾多，激發了作者神思，故來稿者一次投寄二三十副作品的比比皆是。通瞻全部作品，總體綜合水平是理想的，正如首席評委、中國楹聯學會名譽主席常江先生感言：「此次徵聯作品水平整體上是相當高的。」

　　此次徵得的逾萬副聯作，內容積極健康，緊扣徵聯主題，以謳歌查干湖景區，表現查干湖景區各景點的獨特景觀、人文特色為主，弘揚了查干湖旅遊經濟開發區的新姿新貌，反映了郭爾羅斯人的民族文化風貌，可喜可賀。為在逾萬副作品中評選出等級獎、優秀獎、特別獎，並確定入圍入書作品，評委會將徵聯作品評選過程分初評、復評、終評、評獎四個步驟進行。

　　初評工作於五月初在查干湖賓館進行，共有九五〇副作品初選出爐。

　　復評工作，移師長春進行。按應徵作品主題內容，分成「綜合（生態、漁

▼ 旖旎查干湖

業、濕地、草原、風情）」「查干湖（湖心島、蘆葦蕩）」「鴻鵠樓」「妙因寺（山門、大雄寶殿、千佛殿、雙塔）」「成吉思汗（祭湖、召、塑像）」「博物館（歷史文物、民俗文物、自然資源）」「塔虎城遺址」「青山頭古人遺址」「蒙古族民俗村」「蒙古族騎兵團雕像」「蘇瑪雕像」「陶克陶胡雕像」等幾大類，最終複選出二六〇副作品進入終評圈。

　　終評工作由評委會副主任于濯非先生和常江先生主持。經過緊張熱烈的探討、爭論、評選，評委們從作品的立意、主題、思想內容、遣詞用字、對仗平仄、聯律結構等楹聯的各項因素入手，全面考慮，互相比較，首先評出了表現查干湖、妙因寺、蒙古族民俗村和成吉思汗召四大景點的五副一等獎作品。然後評出了二等獎作品十副，三等獎作品十五副，五十名優秀獎及五名特別獎。

　　查干湖與聯有意，查干湖與聯有緣。二〇〇六年六月十八日十四時，在美麗的查干湖畔，在身著節日盛裝的查干淖爾文化廣場，中國吉林·查干湖杯海內外徵聯大賽頒獎儀式隆重舉行。原中共吉林省委副書記谷長春，吉林省委宣傳部副部長、《吉林日報》社社長、吉林省楹聯家協會主席蔣力華，吉林省教育學院院長、吉林省楹聯家協會副主席張笑庸，中國楹聯學會常務理事、吉林省楹聯家協會常務副主席于濯非，吉林省楹聯家協會副主席于笑然、孫英、李俊和、劉鳳麟，吉林省著名作家楊子忱，吉林省楹聯家協會秘書長朱森林、副秘書長李金華、呂光源，以及來自台灣的特別獎獲得者徐添河，來自國內的一、二、三等獎獲得者代表共計二十多人參加了頒獎儀式。當谷長春為花費二點九萬新台幣專程乘機前來領獎的、來自台灣的特別獎獲得者徐添河先生頒獎時，徐添河先生激動得熱淚盈眶，連連揮手，並用顫抖的聲音表達了對查干湖的喜愛、對祖國的嚮往、對楹聯藝術的熱愛。蔣力華主席對此次大賽及評出的獲獎作品十分滿意，並欣然命筆題寫了「湖波蕩漾，湖裡乾坤大，湖名查干復稱聖水；聯友如雲，聯中日月長，聯記盛會再續華章」一副長聯，作為協會首屆賽事紀念及對協會的鼓勵，並親自為本次徵聯大賽編輯出版的專集題寫了書名──《聖湖徵聯集萃》。

前郭縣成立五十週年慶典暨「1199人馬頭琴齊奏」創吉尼斯紀錄

　　2006年9月，慶祝自治縣成立五十週年活動成為前郭縣各族人民生活中的一件大事。歷時一年多緊張的籌備，有3萬多人參與大會活動，共向外界發出412份邀請函，有1400名各界來賓光臨大會。慶祝大會當天，現場觀眾達到35000人。前郭電視台向全縣現場直播大會實況，省內外有40多家媒體，120多名新聞工作者參加並報導大會盛況。

　　為了切實搞好五十年縣慶活動，前郭縣委、縣政府於2005年8月成立了縣慶活動領導小組，設立了縣慶活動辦公室。同時，確定了「弘揚民族文化，展示民族風采」的辦會宗旨和既要隆重又要節儉的辦會原則。在這一總體框架要求下，縣慶活動每一種表現形式、每一項表演方式、每一個出場規模的設計，都緊緊圍繞民族特色這一主線，力求「出新、出奇、出特」。99名少女組成的哈達隊、216人組成的狼牙旗、風馬旗隊、1000人的安代舞隊、600人的查瑪舞

▼ 1199人馬頭琴齊奏

隊、1199人的馬頭琴隊、160人的博克手隊、576人的黨政機關幹部隊、59匹駿馬和騎手組成的蘇魯錠隊、賽馬隊以及233名身著民族服裝的鼓樂隊等5000餘人的入場檢閱隊伍無一不體現著蒙古民族深厚的文化底蘊。

　　2005年9月，時任前郭縣委書記阿汝汗提出了一個令人十分振奮的設想：「把慶祝活動中1199人的馬頭琴表演作為全縣多年來繼承、弘揚、發展馬頭琴事業的成果集中展示出來，申報吉尼斯世界紀錄，打造自治縣的世界級名片。」

　　前郭爾羅斯蒙古族自治縣成立五十週年慶祝活動，是一項舉全縣之力的系統工程。

　　最早組建、率先投入排練的是被列為創造吉尼斯世界紀錄項目的1199人馬頭琴表演隊，因為這是整個縣慶活動中期望值最高的一個項目。組織1199人的龐大演奏隊伍，從規模上來說在前郭縣是空前的，從難度上來說也是空前的。

▼ 博克選手人物

1199名馬頭琴手和幾十位指導教師分布在全縣十幾個鄉、鎮，年齡最大的已五十餘歲，最小的只有八九歲。為了練習好演奏曲目，1199人按鄉、鎮和單位劃分成十幾個排練組，利用早、晚和節假日進行緊張的排練。

縣委宣傳部在縣慶活動中承擔了撰寫縣慶《宣傳提綱》、編撰出版《郭爾羅斯文化叢書》、撰寫「輝煌五十年」電視專題片解說詞、編輯「輝煌五十年」前郭爾羅斯大型宣傳畫冊、內外新聞宣傳以及邀請接待新聞媒體等多項任務……

縣文體局承擔著縣慶大會期間的《輝煌五十年》民族歌舞專場文藝演出、民族戲劇《騎兵團的故事》、焰火晚會的組織、各演出隊伍的藝術指導以及檢閱馬隊的訓練等多項工作。同時，他們還承擔著查瑪舞的服裝、頭飾，馬頭琴藝術造型、蘇魯錠、音樂光盤等物品的製做和體育場粉刷、主席台改建、博克手雕塑等十幾項任務……

▼ 千人安代舞表演

西元二〇〇六年九月一日，是一個用鑼鼓和鞭炮慶賀的日子，是一個用鮮花和微笑祝福的日子，是一個用歌聲和舞蹈表達情感的日子，五十七萬草原兒女滿懷豪情地迎來了郭爾羅斯建縣五十週年的慶典。人們穿上節日的盛裝，跳起歡快的舞蹈，唱起動聽的歌兒……伴著嘹喨的嘶鳴和清脆的蹄聲，英姿勃發、威武矯健的蒙古族小夥子駕乘著雕鞍的駿馬迎接八方賓朋，美麗的蒙古族少女手舉潔白的哈達獻給遠方尊敬的客人，全縣各族人民沉浸在歡樂的海洋……

　　這一天，來自大洋彼岸的吉尼斯世界紀錄英國總部認證官馬克·弗里加迪先生、吉尼斯世界紀錄中國認證中心吳曉紅女士，為前郭縣頒發了「1199人馬頭琴齊奏」新的吉尼斯世界紀錄證書。

「春天送你一首詩」走進查干湖

　　「春天送你一首詩」是中國作家協會《詩刊》社本著文學藝術「貼近現實、貼近生活、貼近群眾」原則策劃發起的全國大型文化公益活動。自二〇〇二年以來，全國有近百座城市、上百萬人參與，並有百餘家媒體進行了全程立體報導，社會反響極大。

　　為了進一步擴大查干湖的知名度和美譽度，提高查干湖旅遊品位，查干湖旅遊經濟開發區分別於二〇〇六年和二〇〇七年連續兩年承辦了「春天送你一首詩」查干湖詩會和「春天送你一首詩」查干湖主會場活動，在全國文化界和旅遊界引起極大轟動。

　　二〇〇六年六月十八日，伴隨著《美麗的草原我的家》的優美旋律，在查

▼ 鶴戲春水

干湖畔查干淖爾文化廣場，「春天送你一首詩」查干湖詩會徐徐拉開了帷幕。當代著名蒙古族詩人牛漢、中國作家協會《詩刊》社的部分採編人員以及國內部分青年詩人共計二十多人參加了查干湖詩會。

伴隨著優美抒情的鋼琴曲和渾厚深沉的馬頭琴曲，前郭縣詩歌愛好者現場朗誦了艾青的《我愛這土地》、牛漢的《汗血馬》、海子的《面朝大海，春暖花開》以及當地詩人劉鴻鳴創作的《郭爾羅斯草原》等作品，深切表達了對詩歌藝術的情，對美麗家鄉的愛。吉林省作家協會副主席、著名蒙古族作家蘇赫巴魯先生更是抑制不住一個詩人的滿腔豪情，登台朗誦自己專門為此次詩會創作的反映查干湖歷史、歌頌美麗家鄉的敘事長詩《聖母查干湖》，博得現場觀眾一陣陣熱烈的掌聲，為詩會增添了無限光彩，將詩會活動推向了高潮。

此次「春天送你一首詩」查干湖詩會，在現場詩歌朗誦的同時穿插演出了由前郭縣民族歌舞團精心編排的《查干湖》《難忘前郭爾羅斯》《哈達情》等民族歌舞節目，使整個詩會活動氣氛熱烈，高潮迭起，整台節目高雅而不失熱烈。

二〇〇七年全國「春天送你一首詩」活動，於三月三十一日在北京朝陽區文化館啟動後，陸續在全國三十三個城市和地區展開，主會場系列活動於六月

▼ 湖畔風光

八日至十日在查干湖舉行。

　　此次活動由中國作家協會詩刊社、前郭爾羅斯查干湖旅遊經濟開發區、松原市文聯、前郭縣文聯聯合主辦。主要包括新詩書法大賽暨全國著名詩人手稿展、「春天送你一首詩」查干湖主會場大型詩歌朗誦會、「春天送你一首詩」查干湖座談會等三項內容。部分國內著名的詩人以及松原市、前郭縣的幹部學生共一二○○多人參加了剪綵儀式並欣賞了書法作品和全國著名詩人的手稿。在此次書法大賽暨全國著名詩人手稿展活動中，共有一百多位國內著名書法家參加了大賽，有近二百位國內著名詩人的手稿在此展出。

　　「春天送你一首詩」查干湖主會場大型詩歌朗誦會於六月八日在前郭影院舉行。朗誦會共分五個部分，先後朗誦了一組有關春天的詩、一組有關查干湖的詩、一組華文青年詩人獎獲獎作品、兩組新詩名篇；接著又分別朗誦了海子的《面朝大海，春暖花開》、芒克的《這也是春天》、簡人的《八百里春天》；徐必常的《查干淖爾漁夫》、邵燕祥的《冬日查干湖》、李琦的《查干湖上一瞬》；徐志摩的《再別康橋》、戴望舒的《雨巷》、艾青的《我愛這土地》；蘇歷銘的《晚秋》、榮榮的《愛情》、李輕鬆的《生活的低處》；牛漢的《有這麼一個湖》、余光中的《鄉愁》、舒婷的《致橡樹》、食指的《相信未來》。

　　「春天送你一首詩」查干湖座談會於六月十日舉行，來自全國各地的著名詩人以及市縣詩歌骨幹作者六十餘人參加了座談會。與會詩人、專家分別暢談了此次查干湖之行的感受及對新詩創作發展的一些看法。

吉林省文聯‧作協建立查干湖創作基地

　　為充分挖掘查干湖人文歷史和自然生態資源，豐富查干湖文化內涵，打造查干湖旅遊品牌，經前郭爾羅斯查干湖旅遊經濟開發區請示吉林省文聯、省作協研究同意，吉林省文聯‧作協查干湖創作基地於二○○六年五月二十五日在查干湖畔掛牌成立。

　　創作基地成立後，前郭爾羅斯查干湖旅遊經濟開發區為基地提供了固定的房舍和相關設施，為作家們採風、創作、參觀、考察及開展相關文學活動創造了極為便利的條件。

　　創作基地成立後，省文聯、省作協在為創作基地提供必要的資金和物質支持的同時，每年還定期組織作家、藝術家到創作基地採風、體驗生活，幫助他們進行創作，同時定期開展相關筆會、研討活動。省文聯、省作協還和前郭爾

▼ 晨網

羅斯查干湖旅遊經濟開發區密切協作，積極吸引省內外文化藝術團體到基地開展各類文化藝術活動，力爭將基地建設成為省文聯、省作協接待國內作家、藝術家以及文化藝術團體前來查干湖採風、創作的一個基地。

吉林省文聯‧作協查干湖創作基地揭牌儀式當天，就召開了「紀念毛澤東《在延安文藝座談會上的講話》發表六十四週年暨吉林省文藝家赴查干湖採風座談會」。座談會上，前郭縣查干湖旅遊經濟開發區黨工委主要負責同志首先介紹了查干湖旅遊業的開發建設情況，之後著名蒙古族作家、省作協副主席蘇赫巴魯介紹了前郭的文化、歷史；蘇威、王鐵兵、譚會昌、吳竟、施立學、唐明珍、宋純學、包廣林、王迅等作家、藝術家也先後發言；最後，時任省文聯黨組書記、副主席楊廷玉就查干湖創作基地的建設和使用問題提出了許多很好的建議。

▼ 秋意查干湖

▌首屆「郭爾羅斯文化獎」評獎活動

　　二〇〇六年，為了表彰自治縣成立以來全縣廣大文化藝術工作者在民族文化挖掘、整理、創作活動中所取得的巨大成就，縣委、縣政府在慶祝自治縣成立五十週年之際，開展了首屆「郭爾羅斯文化獎」評獎活動。

　　「郭爾羅斯文化獎」是由前郭縣委批准設立，以縣政府名義頒發的全縣文化藝術最高獎，每五年評選一次。「郭爾羅斯文化獎」在前郭縣最具有權威性、嚴肅性、公正性和導向性，足以代表全縣文化藝術創作的最高水平。

　　評獎活動由「郭爾羅斯文化獎」評獎領導小組組織實施，參評專業確定為文學類、民俗民族歷史類、書法美術攝影類、戲劇影視音樂舞蹈類四個專業類別，總稱「郭爾羅斯文化獎」。同時，為了突出特殊人才的傑出貢獻和各專業

▲ 郭爾羅斯文化叢書

門類的優秀人才，又下設終身成就獎和專業等級獎，稱作「郭爾羅斯文化獎終身成就獎」和「郭爾羅斯文化獎專業等級獎」。又由於此次評獎乃是首屆，組委會還特設了「郭爾羅斯文化獎終身榮譽獎」，獎勵那些已故文化藝術人才的成就與貢獻；特設了「郭爾羅斯文化獎特別貢獻獎」，獎勵那些為郭爾羅斯文化做出特別貢獻的域外作家、藝術家、民俗歷史學家。

另外，縣里根據實際情況，分別確定了獲獎指標。郭爾羅斯文化獎專業一等獎共四名，每個專業各一名；郭爾羅斯文化獎專業二等獎共八名，每個專業各二名；郭爾羅斯文化獎專業優秀獎共十二名，每個專業各三名。每個專業獲獎指標雖然分設，但不在專業間搞平衡。成就比較小，不夠標準的可以空缺；成就比較大，人員比較多，只要符合標準可以不受專業限制，在獲獎證書上分別註明專業類別。此外，在專業優秀獎評獎過程中，年齡在三十五週歲以下的優秀新人應占一定比例。

▲ 部份文學作品

郭爾羅斯文化獎終身榮譽獎的評獎標準是：參評者必須是自治縣成立以來對全縣文化藝術工做作出突出貢獻、取得突出成就的作家、藝術家和民俗歷史學家；參評者必須在過去的文化藝術事業中取得一定成就，且其成就在本專業領域具有全縣藝術或學術帶頭人的領先地位，具有較強的代表性，在社會上具有較大的影響；本獎只獎給已故的作家、藝術家和民俗歷史學家。郭爾羅斯文化獎特別貢獻獎的評獎標準是：參評者必須是自治縣成立以來對郭爾羅斯文化事業做出特別貢獻的作家、藝術家和民俗歷史學家；本獎只授予縣外人士。郭爾羅斯文化獎終身成就獎的評獎標準是：參評者必須是自治縣成立以來對文化藝術工做作出傑出貢獻、取得傑出成就的作家、藝術家和民俗歷史學家；參評者必須是在文化藝術事業中屢建成就，其持續不斷的成就積累足以證明在本專業領域具有全縣藝術或學術帶頭人的領先地位，具有較強的代表性，在國內本

▲ 部分攝影作品製作的畫冊

專業領域中具有先進水平或具有一定影響，並在國際上獲得過榮譽；本獎只獎給在世的作家、藝術家和民俗歷史學家，並且，一生只能獲得一次；原則上傾向於專心致力於從事文化藝術民俗歷史創作活動四十年以上的人士；至少有兩部（件）以上個人專著或代表作品，作品內容必須突出郭爾羅斯民族文化特色並有所建樹；至少獲得過一次省政府文化獎勵；領導評議、群眾評議均過半數；以上標準必須同時具備。郭爾羅斯文化獎專業一等獎的評獎標準是：至少有一部（件）以上個人專著或代表作品，作品內容要突出郭爾羅斯民族文化特色；作品在全縣文化藝術領域具有代表性，在全國或全省有一定影響；至少獲得過一次由國家級文化部門（文化部）或專業團體（中國文聯所屬各協會）組織的獎勵，或者獲得過省級政府獎勵；領導評議、群眾評議均過半數；以上標準必須同時具備。郭爾羅斯文化獎專業二等獎的評獎標準是：作品內容突出郭爾羅斯民族文化特色，在社會上有重大影響；至少有一部（件）以上個人獨立或與人合著的著作或代表作品（與他人合著作品的應是主要創作者）；至少獲得過一次由省級以上（含省級）文化部門（文化廳）或專業團體（省級文聯所屬各協會）組織的獎勵；領導評議、群眾評議均過半數；以上標準必須同時具備。郭爾羅斯文化獎專業優秀獎的評獎標準是：作品內容突出郭爾羅斯民族文化特色；在省、市、縣報刊、雜誌、媒體、劇院等公開發表、播出、展出、演出一定數量的文藝作品；文字類五十件以上，其他藝術門類二十件以上；至少獲得過一次省級文化獎勵或兩次以上市級文化獎勵；領導評議、群眾評議均過半數；以上標準必須同時具備。

在專業等級獎評獎過程中，側重表彰規模較大、份量厚重、具有一定影響力（如著作、文集、作品集、書畫集、戲劇影視等形式）的作品，對某些規模較小的單篇作品在評選中從嚴掌握。

二〇〇六年十二月十三日，前郭爾羅斯蒙古族自治縣第三次文代會暨郭爾羅斯文化獎頒獎大會在郭爾羅斯賓館會議中心隆重召開。何川、蘇瑪、一忒閣樂、白音倉布、特木爾巴根、王長芳、趙之友、武昌、畢力根達賚、寧布等十

人榮獲終身榮譽獎；劉玉忱、何慶魁、趙毅、叢麗、李佳、斯琴、曹保明、郭曼君、林志華等十人榮獲特別貢獻獎；蘇赫巴魯、王迅等二人榮獲終身成就獎；伯顏都仍、巴彥都楞、蘇博、李占魁、柏青、邱建明、阿拉坦等七人榮獲專業一等獎；扎木蘇、寶音圖、額魯特珊丹、寶音朝古拉、張敬岩、李敏、李啟、田樹良等八人榮獲專業二等獎；王永靈、楊麗娟、蘇倫巴根、蘇敏、王文忠、孟根、沈波、史進才、孫淑琴、包斯爾、謝亞輝、王鈺、王國忠、張藝軍、達古拉、哈森圖力古爾、百順、柏拉、白巴圖、朝格柱、唐森林、劉大海等二十二人榮獲專業優秀獎。大會為獲獎代表頒發了獎品和證書。

「2008人馬頭琴齊奏」創吉尼斯世界紀錄

二〇〇八年七月十四日上午七時四十八分，奧林匹克廣場百花齊放、彩旗飄揚，在播放著前郭爾羅斯風光片的巨幅電子顯示屏幕下，英國吉尼斯世界紀錄認證官吳曉紅女士站在話筒前：「現在，我代表英國吉尼斯世界紀錄倫敦總部宣布，一項新的、規模最大的二〇〇八人馬頭琴齊奏的世界紀錄在這裡誕生了，是由吉林省前郭爾羅斯蒙古族自治縣創造的！」剎那間，二〇〇八名身著豔麗民族服裝的馬頭琴手和廣場內數萬名觀眾沸騰了，掌聲、笑聲、歡呼聲、鑼鼓聲匯成巨大的聲浪，澎湃在廣場的上空。剛剛將吉祥的奧運聖火送出奧林匹克廣場的數萬名各族群眾再一次掀起了喜悅的狂潮，因為在喜迎二〇〇八北京奧運火炬傳遞到松原的吉祥日子裡，他們又共同見證了二〇〇八人馬頭琴齊奏再創吉尼斯世界紀錄的喜慶、莊嚴而又神聖的時刻。

二〇〇八年北京奧運與二〇〇八人馬頭琴齊奏，熊熊燃燒的祥雲聖火與奉火為神的蒙古族的傳統樂器馬頭琴的悠揚琴聲，一切都結合得那樣自然、和諧。而這一切，都源於二〇〇六年九月——前郭爾羅斯蒙古族自治縣建縣五十週年慶典上創造的「一一九九人馬頭琴齊奏」吉尼斯世界紀錄。那時，沉浸在喜悅之中的前郭爾羅斯人就思索著一個新的課題：「二〇〇八北京奧運，『中國馬頭琴之鄉』的前郭爾羅斯該為北京奧運，該為傳承和弘揚奧林匹克精神做些什麼？」敢於也善於捕捉機遇的前郭爾羅斯人敏銳地意識到，二〇〇八北京奧運作為全球性的體育盛會必將吸引全球的目光。作為「中國馬頭琴之鄉」的前郭爾羅斯也有責任、有義務將二〇〇八北京奧運會、將奧林匹克精神，以悠揚的馬頭琴聲進行詮釋。於是，就在一一九九人馬頭琴齊奏的吉尼斯世界紀錄剛剛誕生的時候，一項以二〇〇八人馬頭琴齊奏為二〇〇八北京奧運會喝采、祝福，再創新的吉尼斯世界紀錄的舉措就已經開始悄然醞釀，而當前郭縣委、縣政府作出這一決策時距二〇〇八北京奧運會開幕之日只有整整七百天。

儘管被中國民族管絃樂學會命名為「中國馬頭琴之鄉」的前郭爾羅斯有組織起2008名馬頭琴手參加演奏的實力，儘管有剛剛創造了一一九九人馬頭琴齊奏吉尼斯世界紀錄的基礎，儘管每個參與者都有十足的信心把具有特殊意義的二〇〇八人馬頭琴齊奏組織好、演奏好，但他們還是感受到了肩上擔子的分量。但困難再大也阻擋不了前郭爾羅斯人弘揚民族文化、為二〇〇八北京奧運會祝福的信念與激情。二〇〇六年十月，二〇〇八人馬頭琴齊奏、再創新的吉尼斯世界紀錄活動正式啟動。

　　全縣三千多名馬頭琴手分布在十四個鄉鎮的四十二所中、小學。為了完成這次意義重大的演出任務，縣裡將這些馬頭琴手和四十八名輔導教師劃分成十五個排練區塊四十二個集中點開始訓練。至此，二〇〇八人馬頭琴齊奏再創吉

尼斯世界紀錄，為二〇〇八北京奧運會喝采、祝福的大幕悄然拉開。

二〇〇八年七月十五日七時二十六分，隨著第三棒奧運火炬手跑出松原奧林匹克廣場，蒙古族少女以蒙古族的最高傳統禮儀，向吉尼斯世界紀錄英國倫敦總部認證官吳曉紅女士敬獻哈達、奶酒。

七時三十二分，吳曉紅女士在市縣領導的陪同下，按照規則確定參加創紀錄人數與琴手資格。經過琴手現場簽名、隨機抽查等確認程序，吳曉紅認證官手持記數器開始一行行、一排排地清點人數。第一次清點後，她表示人數不對。經過二次清點，直到把最後一排多出的一名琴手撤出場地，吳曉紅認證官才宣布活動可以開始。經過了二次清點人數的焦急與忐忑之後，人們為吳曉紅認證官認真負責的敬業精神和吉尼斯世界紀錄嚴謹的認證規則報以熱烈的掌

▲ 奧運火炬傳遞演出現場

聲。

七時三十八分，二〇〇八人馬頭琴齊奏《永恆的聖火》《我愛你，前郭爾羅斯》表演開始。悠揚悅耳的馬頭琴聲在松原奧林匹克廣場悅然響起，二〇〇八隻緊握琴弓的手在一起舞動；二〇〇八隻靈巧的手指在潔白的琴絃上一起跳躍；二〇〇八把馬頭琴在同一時間迸發出同一個音符，伴隨著正在松原大地傳遞的「祥雲」聖火，彙集成同一個旋律飄蕩在郭爾羅斯草原的上空。

第三章
——

文化名人

在首屆「世界蒙古文學作家大會」上，《大漠神雕‧成吉思汗傳》榮獲大會設立的唯一特等獎——「成吉思汗虎頭令牌」特別獎，《大漠神雕‧成吉思汗傳》也成為蘇赫巴魯的成名作和代表作，一舉奠定了其在蒙古文壇不可撼動的輝煌地位，更為祖國贏得了榮譽。

《蒙古秘史》的漢譯者——火原潔

火原潔，漢語名，姓火名原潔。火，源於蒙古「豁羅剌思」的「豁」，即今郭爾羅斯人。

蒙古史學大家道潤梯步所著《新譯簡注〈蒙古秘史〉自序》中說：「火原潔，蓋係蒙古火魯剌思氏人（火魯剌與火魯剌思同語）。」

西元十二至十三世紀，郭爾羅斯部有四個分支。一一八五年，以薛赤兀兒為首的一支，遷至三河之源，與蒙古部交錯而居；一一九五年，以納仁汗為首的一支，遷至松花、嫩江匯流處兩岸；與此同時，以綽納黑・察罕為首的一支，遷至根河老營地；一二六五年，伊利汗國阿魯渾汗時，郭爾羅斯部的一支，在萬夫長也可也速兒率領下隨軍西征，遷至中亞的蒙古伊利汗國。

火原潔是薛赤兀兒之後又一位傑出的郭爾羅斯蒙古史學家、翻譯家。

明洪武十五年（1382年）正月，明太祖朱元璋命火原潔等主持纂修《華夷譯語》。《新譯簡注〈蒙古秘史〉》自序寫道：「明翰林學士、奉議大夫劉三五為《華夷譯語》寫的序言中說：『翰林侍講臣火原潔乃朔漠之族，生於華廈。本俗之文，與肩者罕。志通中國四書，咸明其意。遂命以華文，譯胡語』。」這是對火原潔的評價。《明太祖實錄》也說：「《華夷譯語》奉命刊行後，自是使臣往復朔漠，皆能通達其情。」「皇上一視同仁之心，經營是書，以通言語，以達志意（《華夷譯語》序）。」「由此可見，《華夷譯語》不是一般的學術著作，它是明王朝的使臣學習蒙古語的課本，具有強烈的政治目的。」（見《新譯簡注〈蒙古秘史〉序》）。明初，火原潔奉命將保存在宮廷中的

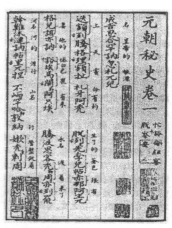

▲ 前《蒙古祕史》譯本

《忙豁侖・紐察・脫卜赤顏》（《蒙古秘史》），以「華言譯其語」，用漢字音寫蒙古語，逐詞旁註漢語，並分段節譯，題名為《元朝秘史》，分正文、旁註漢譯、秘史總譯三個部分。後收入明《永樂大典》則分十五卷。現行本有十二卷（正文十捲、續集二卷共282節）。

二○○五年，火原潔作為郭爾羅斯古代文化名人，被寫進《前郭爾羅斯簡史》。

▲ 火原潔

一代琴王——蘇瑪

一九一四年，即中華民國三年的農曆正月初二，蘇瑪出生在塔虎城下兩家子屯一個蒙古族民間音樂世家。

蘇瑪出生的時候，東蒙尚有「男弓女布」的風俗。就是說，生男嬰要在房門懸張弓，希望男兒英武善戰；生女嬰要在房門上掛紅布條，表示女兒縫織手巧之意。蘇瑪的父親敖布濤打獵歸來，見到門上已經掛上一張精小的弓箭，就笑著給孩子起了一個適合男兒的名字——蘇瑪，漢譯就是「箭」的意思。蘇瑪姓孛兒只斤氏，諧音簡化為包，漢名叫玉臻，係成吉思汗仲弟哈薩爾的後裔。蘇瑪的父親敖布濤，台吉出身，家業並不十分富裕，但他是一位優秀的馬頭琴手，能熟練地演奏四弦、三弦、揚琴、笛、簫等民間樂器，還能唱出數不盡的民歌，而且還會說好來寶，可謂多才多藝。所以說，蘇瑪是在歌聲和琴聲裡蹦出搖籃的，是在神話、童話裡走過童年的。

十歲時，蘇瑪就開始學習四弦了。十一歲那年，蘇瑪進私塾唸書了，學校裡的哈斯瑪老師很喜歡他，並教他學四弦。很快，蘇瑪就學會了老師教給他的幾首短小的蒙古民歌曲調。當他第一次完整地奏出曲調時，老師樂得把他抱起來，親了又親，吻了又吻……

蘇瑪有驚人的記憶力，老師唱出或演奏出的曲調，只要聽過一兩遍就能牢牢地記在心裡。蘇瑪的父親發現自己的兒子會拉琴了，心中也是說不出來的高興，並把喜愛的四絃琴送給了他。蘇瑪坐在椅子上，兩腳卻不能著地，四弦的「千斤」已經超過他的頭頂，他的手實在太小了，但父親卻看到了兒

▲ 蘇瑪

子的藝術天賦。從這天起，父親不但不禁止他用琴，還為他做了一把小四絃琴。

提起蘇瑪的小四絃琴，也真夠可憐的了。琴柄不但有彎，四根琴軸長短也不齊；截斷的牛角做成的琴筒，筒上蒙的不是蟒皮也不是蛇皮，而是豬「吹泡」（膀胱），四根琴絃也不知道結了多少個疙瘩。有一次，繫滿疙疸節子的四根琴絃都斷了，他很難過。買吧，手裡沒有錢，即使是有錢，在兩家屯又上哪裡去買呢？無奈之中，他只好到東鄰西捨去要。要了好幾天，幾乎跑遍了全屯，好不容易才湊了幾根人家使斷了的絲絃，有半尺的，有四寸的……把這些絃兒接在一起，一串串嘀哩郎當的絲絃綁在琴上，發出了「嘶啦嘶啦」的怪聲。就這樣蘇瑪也高興壞了，總算能拉出曲調來了。直到父親出門回來，才給他換上了新絃。每當父母心情不順的時候，懂事的蘇瑪就躲到外面去練琴，特別是在寒冷的冬季，環境就更加惡劣了。手凍紅了，凍僵了，這時既不能停歇，又不能取暖，直到練得四指發熱、最後拉出汗來為止。

一九二九年，十六歲的蘇瑪已經失學四年了，但這時的他已經熟練地掌握了四絃的各種演奏技巧。於是，父親給蘇瑪做了第二把琴，這把琴自然要比第一把琴好多了。諺語說：人與馬之間，鞍是媒介；歌與舞之間，琴是媒介。蘇瑪的琴，就是苦與樂、悲與喜之間的媒介。蘇瑪追著星星，趕著太陽；把日、月接在一起，把琴、身貼在一起，「彈」哪，「打」呀，「扣」哇，「點」哪。到十八歲時，蘇瑪已經是塔虎城一帶負有盛名的四絃琴手了。

在舊社會裡，再好的琴手也不過是「拉馬尾巴的乞丐」。只有在嶄新的社會裡，蘇瑪的藝術生涯才見到了光明。從一九五二年起，他從旗裡逐漸拉到省裡，從省裡又拉到北京。一九五五年，蘇瑪參加了在北京舉行的全國群眾業餘音樂、舞蹈觀摩大會，他的表演獲得優秀表演獎，並受到了毛主席和周總理的親切接見。在此期間，蘇瑪演奏的《趕路》《八音》《悶工》三首四絃獨奏曲被灌製成了唱片。會後，他又被請進中央音樂學院民族音樂研究所，研究所專家李郁文對他的演奏技巧進行了專門的研究，並開始整理他的四絃琴曲。後

來，人民音樂出版社出版了蘇瑪演奏、李郁文整理的《內蒙古四絃琴獨奏曲集》。

一九五六年，蘇瑪隨中國文化藝術代表團赴捷克斯洛伐克參加第十一屆「布拉格之春」國際音樂節。一九五七年，前郭爾羅斯蒙古族自治縣藉助此次演出，向省裡申請並建立了第一個縣級的民族歌舞團。蘇瑪就是這個民族藝術團體的奠基人，他先任樂隊隊長，後晉陞為副團長。頻繁的外事演出活動，使他的心胸更加寬廣起來。他以油畫般的色彩，奔馬般的激情，創作了一首四弦獨奏曲《歸群》。《歸群》也是蘇瑪獨特風格、技巧薈萃的代表作。

一九六〇年三月，蘇瑪參加了蒙戲實驗劇目《斧劈小王爺》的音樂創作；一九六一至一九六二年，蘇瑪還參加了《吉林民歌》（蒙古族卷）的採集工作；一九六三年，蘇瑪參加了在北京召開的全國第三屆文代會，又一次受到了黨和國家領導人的接見，並合影留念；一九六四年，蘇瑪創作的歌曲《那日倫花向太陽》（蘇赫巴魯詞）問世，經蒙古族歌手武鳳英的演唱，很快就流行起來。十年後，《那日倫花向太陽》成功入選《中國民歌》（第三卷），並由文化部文學藝術研究院音樂研究所編輯，上海文藝出版社出版。在這期間，蘇瑪還創作了許多樂曲和歌曲，如《牧人騎馬唱草原》《頌歌》等。

一九七〇年農曆八月，病魔奪走了蘇瑪寶貴的生命，享年五十六歲，他被葬在了生他、養他的故鄉。

吉林省民間祝詞歌手——寶音達賚

寶音達賚，蒙古族，一九一九年出生，前郭爾羅斯人。

蒙古族自古以來對吉祥語、祝福語很重視，形成了各類祝讚詞，祭祀用、慶典用、民俗儀式也用。祝詞與讚詞，分歌體和謠體兩種。在民間也有職業或半職業的祝詞歌手，寶音達賚就是前郭爾羅斯職業祝詞歌手。

寶音達賚青年時期得到一部手抄本的《婚禮歌》，他視如珍寶。這部《婚禮歌》從姑娘梳裝，到迎親，到拜火成親都有祝讚詞，有很多時侯還要與女方的女歌手進行對唱。為學好這部婚禮歌，原本不識字的寶音達賚特地學了蒙文，牢牢地把婚禮歌記在心中。從此，他成了職業婚禮祝詞歌手（賀勒莫奇），足足唱了幾十年。一九七八年，查干花草原文化館、縣文化館採風隊通過藝人演唱會採錄了這部民間長歌。一九八三年，由特木爾巴根翻譯，蘇赫巴魯整理，這部長達一千六百行的《蒙古族婚禮歌》在中國民間文藝出版社出版。《內蒙古日報》是這樣報導的：第一部完整的《蒙古族婚禮歌》在吉林省前郭爾羅斯發現。

寶音達賚於二十世紀八〇年代初不幸病故。

一九八九年七月十二日，吉林省民間文藝家協會決定授予寶音達賚「吉林省民間歌手」稱號，並頒發了證書。

東蒙草原的著名民間說唱藝術家——常明

常明（1874年-1959年），蒙古族，哲里木盟郭爾羅斯前旗（今前郭爾郭羅斯蒙古族自治縣）人。常明的祖父、父親都擅長演唱蒙古民歌、好來寶，常明自小就特別喜歡。後來，漢族書曲的加入，更使常明如痴如醉。他常常使用說唱「陶力」的形式說唱聽來的故事。十八歲時，他已成了能在鄉間演唱民歌、好來寶，說唱蒙古書的青年藝人。

當時，蒙古胡爾奇藝術在中國東部蒙古族居住區十分興盛。卓索圖的旦森尼瑪、扎魯特的綽旺、圖什業圖的烏塔那斯圖等都是很有影響的胡爾奇。為了探求書藝，常明便背起四胡，走出家門，尋師訪友，開始了他追求一生的胡爾奇生涯。

在圖什業圖，常明結識了烏日塔那斯圖。他不僅從烏日塔那斯圖那學到了《封神演義》，還學到了他精湛的琴藝和剛柔相濟、張馳交錯的「陶力音樂」及「博音樂」。此後，他逐步南行，先後到過科爾沁十旗、扎魯特二旗、巴林二旗、阿魯科爾沁和東土默特，向一切有影響的藝人學習，廣交博擷，汲取各家精華，獨成一派，終於成了一位享譽東蒙草原的郭爾羅斯胡爾奇藝術家。他說唱的書目主要有《封神演義》、《三國演義》、《隋唐演義》、《周國故事》、《金國故事》等。他為人豁達、詼諧，語言風趣，喜用比喻，善於誇張。在講述故事時，常用百姓熟悉的歷史人物相互對照或作綽號，從而使故事形象更加鮮明感人。

東北淪陷後，常明從故鄉郭爾羅斯搬走，在圖什業圖安家落戶。解放後，他年事已高，便收扎魯特旗百順為弟子，潛心傳授說唱技藝。後來，百順又收阿日嘎木吉、毛胡、雙喜、福玉為弟子，獨成一派的常明說唱藝術得以傳承和弘揚。

郭爾羅斯著名「查瑪沁」——旺丹扎木蘇

　　旺丹扎木蘇，漢名韓福林，郭爾羅斯著名「查瑪沁」。清光緒三十四年（1908年），旺丹扎木蘇出生於郭爾羅斯前旗努圖克王府的一個蒙古族牧民家庭。他自幼天資聰穎、活潑好動，特別招人喜歡。九歲時，其父病故，叔叔寶音賀希格（喇嘛）就把他接到了崇化禧寧寺。從此，旺丹扎木蘇過上了寺廟喇嘛的生活，在他幼小的心靈裡也播下了虔誠的宗教種子。寺廟裡每年都要跳的「查瑪」使旺丹扎木蘇格外著迷。他整天口中唸唸有詞，模仿著查瑪舞的動作蹦蹦跳跳，這一切都被廟裡的喇嘛耶希達瓦看在眼裡，便收他做了徒弟。

　　旺丹扎木蘇在師傅的精心調教下，勤奮學習，刻苦訓練。僅用五年的時間，他就基本掌握了藏傳佛教的教儀和經文。十四歲起正式學跳「查瑪」。到了二十五歲時，他已嫻熟地掌握了大型宗教寺廟舞蹈——「查瑪」的全部舞蹈動作，並提升為「查瑪」的主角、教練，有時，他還要擔任樂隊中主要樂器的伴奏者，在當地寺廟和牧民中頗有影響。

　　旺丹扎木蘇不僅是位技藝高超的查瑪沁，他還愛好繪畫、攝影、體育等活動。他曾是阿拉街廟中的「頭布盔」（第一摔跤手），技藝與王爺府的摔跤手不相上下，稱得上是位多才多藝的喇嘛藝術家。

　　一九四八年冬，崇化禧寧寺被拆毀，三十九歲的旺丹扎木蘇被迫離開寺廟，投奔其大哥。兩年後，又來到了前郭縣查干花鎮西白音花屯的妹夫家，以種地為生。

　　一九五六年，查干花文化站（草原文化館）請旺丹扎木蘇為導演，排練了「查瑪」片段，參加吉林省首屆業餘文藝匯演，獲得了成功，受到了獎勵。同年，前郭爾羅斯蒙古族自治縣成立，他參加了查干花文藝演出隊，在慶祝自治縣的成立大會上展現了自己的藝術才華。

　　一九八七年，旺丹扎木蘇在西白音花村病逝，享年八十歲。遵照老人的遺願，遺體火化後，他的骨灰被撒入松花江。

首屆「金鷹獎」獲得者、書畫家 —— 一忒閣樂

　　一忒閣樂，漢譯「誠實有信譽」之意，漢名唐景文，字九仙，一九四一年出生在遼寧省阜新蒙古族自治縣淖爾巴勒嘎斯（今泡子鎮）助占布拉克村（今聚將屯）。一九五八年隨其兄唐景春遷入吉林省前郭縣。一九六一年在前郭縣蒙古族中學高中畢業後從事教育工作，後又調入縣文化館做美術輔導員。在此期間曾結業於東北師範大學美術系，畢業於中國書畫函授大學。曾任前郭縣文化館副館長，是吉林省書法家協會會員，吉林省美術家協會會員，北國書畫社社員，前郭縣書協、美協副主席。

　　從一九八八年起，中央民族學院（即今中央民族大學）出版社出版的中國《民俗文庫》（共56本）均由一忒閣樂題寫書名。另外，長篇故事《陶克陶胡》（1986）、《東蒙風俗》（1986）、《蒙古族四絃琴演奏家蘇瑪》（1986）、蒙古族長篇英雄史詩《迅雷·森德爾》（1993）、《阿勇干·散迪爾》（1994）、《蘇赫巴魯詩選》（1994）、《校注蒙古民謠》（1998）等多部蒙古學專著均由一忒閣樂設計封面並題寫書名。他是首屆「金鷹獎」獲得者。一九九一年三月，在北京民族宮成功舉辦了「一忒閣樂書畫展」，共展出其書畫作品一〇八件。時任國家民委主任伍精華、副主任李德洙、吉林省民委副主任居儒木圖及前郭縣相關領導出席了開幕式。當晚，北京電視台首先播出了書畫展的新聞，中央電視台、吉林電視台及其他新聞媒體也相繼進行了報導。

　　一九九四年，一忒閣樂書法作品選入《成吉思汗箴言蒙漢合璧書法集》，由內蒙古文化出版社出版。一九九五年，吉林電視台《中國吉林》欄目，

▲ 一忒閣樂

通過美國斯拉科衛星電視台向全世界播出了《蒙古族書畫家——一忕閣樂》專題片。他的《小傳》辭條及書畫作品編入了《中國美術家大詞典》《世界華人書畫篆刻家大詞典》《中國當代書法家詞典》《中國近現代書畫作品選集》等多部辭書、選集中。他的作品在吉林、內蒙古、北京、香港及蒙古國、韓國等地被很多名人收藏。

多年來，一忕閣樂的書畫作品有幾百件在國內外展出與發表。先後參加國內各省市（包括香港、台灣地區）和國外（美國洛杉磯、日本上田、東京都、大阪、菲律賓馬尼拉市、巴西聖保羅市、韓國首爾市等）各種紀念展、邀請展、大賽展，獲得一、二、三等獎和特等獎、特選獎、特別獎、優秀獎六十多次，刻石於「四川太白碑林」「穎州西湖」「甘肅西母王」「吉林文廟」「綿陽富樂山」「贊皇中華嶂石崖碑林」，作品在國內外的報紙、書刊、檯曆上也多次發表。

一忕閣樂還不斷研究蒙文書法，他首次提出蒙古文字也是「形聲字」說法，認為這是蒙文書法具有藝術內涵與魅力的真正所在。

二〇〇二年五月，一忕閣樂去世。

烏力格爾藝術家 —— 青寶

　　青寶，蒙名為呼和‧額爾德尼，本姓張，光緒二十一年（1895年）出生在距中原文化較近的內蒙古卓蒙圖盟土默特右旗黑城子王府附近的張家營子，蒙古族著名「烏力格爾」（故事）說書藝人。

　　據青寶次子張成軒介紹：約民國九年（1920年），東土默特右旗王府（今遼寧省朝陽市北票）「衙門」（王陵）失盜，牽連多戶「衙門沁」。為避嫌，青寶與父母全家向北逃荒，一路靠說書生活，最後在郭爾羅斯前旗王府屯（今哈拉毛都鎮）落戶。人們都稱他青寶胡什，意為「拉四胡說唱的著名藝人」。

　　青寶胡什身高一米七八左右，臉較寬，嗓音與說書大師琶傑相似。每年正月都是青寶胡什說書的黃金時間，連大年三十也不能在家過。他不是在王府說書，就是去七大爺府說書，再不就是到阿拉嘎廟。

　　張成軒特別為父親自豪。他說：「父親說書時，聽書的人聽到激動時，有的把炕席都撕碎了。他依靠說書還說來一個大姑娘，可見他說書的藝術魅力有多強」。民國二十一年（1932年），郭前旗哈瑪屯（今王府站鎮哈瑪爾村）烏梁海氏族（姓吳）有一位年輕貌美的姑娘，就愛聽青寶胡什說書或唱民歌，聽來聽去就迷上了青寶，非嫁他不可。她說：寶馬必有金鞍轡，青寶若是寶馬，我就是金鞍轡，死活也得嫁他。最後，姑娘衝破了族裡和家人的反對，毅然和三十八歲的青寶結為連理。

　　青寶胡什創作（包括作詞編曲）、演唱並在東蒙四盟（卓索圖盟、昭烏達盟、哲

▲ 青寶

里木盟、呼倫貝爾盟）流傳的敘事民歌有《高小姐》《二姑娘》《韓梅香》《波茹萊》《金姐》等。

民國三十三年（1944年），王爺廟（今烏蘭浩特成吉思汗廟）竣工。郭爾羅斯前旗派出一支「烏力格爾」演唱隊參加慶典，表演的曲目《折箭同義》獲得廣泛好評。《折箭同義》就是由青寶胡什與白音倉布根據蒙文版本《蒙古秘史》「五箭訓子」的故事改編而成。其套曲是由五首曲調組成，即《父汗為鏡》（鐵木真父也速該被害的故事）、《母訓子》（訶額侖五箭訓子的故事）、《額真，哈敦》（讚美鐵木真之母訶額侖的故事）、《誓盟》（鐵木真兄弟五人牢記母訓的故事）和《鐵木真兄弟》。

青寶胡什在世時曾對兒女們說：「我這一輩子靠敲打胡琴腦袋吃飯，不容易，你們就不要再敲了。」因此，青寶的後代沒有人能繼承他說唱「烏力格爾」的技藝。

民國三十五年（1946年），青寶胡什病故。

採風挖寶的民俗學家 —— 王迅

　　王迅，滿族，一九三一年九月生於吉林省扶餘縣扶餘街，民俗學家，中國民間文藝家協會會員，中國少數民族作家學會會員，吉林省民俗學會名譽理事長。

　　一九四七年，王迅參加了革命，從事小學教育和幹部理論教育工作。1959年五月調入前郭爾羅斯蒙古族自治縣文化館，從事群眾創作輔導和民族民間文藝遺產挖掘、整理、編輯、研究工作。工作中，王迅逐步瞭解到在前郭這塊土地上，貯存了相當豐厚的民間文藝遺產：成吉思汗的十二世先祖母阿蘭豁阿是郭爾羅斯人；被聯合國教科文組織列為世界名著的《蒙古秘史》，其作者之一薛赤兀兒是郭爾羅斯人；《蒙古秘史》的第一位漢譯者火原潔也是郭爾羅斯人……清末以來，這裡一度成了哲裡木盟乃至全東北蒙古族的政治、文化中心，許多著名的民間藝術家雲集於此。

　　郭爾羅斯豐厚的民族民間文化遺產，如同一個強大的磁場，強力地吸引著

▲ 王迅

王迅。於是他放棄了他所鍾愛的文學創作，開始了長達五十餘年的民俗研究工作。

　　採風如同採礦，珍貴的東西多不在表層。故事、歌謠雖然遍地皆是，但要採錄到一部珍品，卻如沙裡淘金。

　　一九六二年，王迅在東三家子鄉五道營子屯訪到一位年近七十的民間藝人康哈日巴拉，得知老藝人能唱一部《英雄陶克陶胡》。《英雄陶克陶胡》流傳很廣，是一部極有價值的民間文藝作品。但當時東三

家子鄉沒有通電，不能錄音。為了能完整地採錄，他把老人請到縣城。老人睡不慣床，他就請老人到文化館睡火炕；招待所就餐路遠，他就一日三餐到招待所給老人取飯菜。老人感動極了，越唱越起勁，足足唱了83天，錄音67盤，挖掘到一部長達17000行的民間敘事長詩。但不幸的是，這部長篇烏力格爾採錄完成不久，「四清」運動開始了，《英雄陶克陶胡》書稿在「文革」中被化成了紙漿。王迅也遭到批判，被註銷城鎮戶口下放到農村。

逆境並未讓王迅意志消沉，反而更讓他有時間靜靜地博覽群書。十年間，他精讀了一大批蒙古族史籍、名著以及阿拉伯、印度、日本等各國各民族的優秀民間文學作品、民俗論著。在改革開放初期，他參加了中央民族學院舉辦的「民俗學、民間文藝學講習會」和中國民間文藝家協會舉辦的中國民間文學函授大學，系統地學習了民族學、民俗學、神話學、傳說學、歌謠學、美學以及中外民間文學史等，為他進一步搞好民間文學蒐集整理和民間文藝學、民俗學研究奠定了堅實的基礎。

落實政策後，王迅回到文化館工作。「文革」前，他辛苦蒐集整理的《英雄陶克陶胡》書稿被毀一事，讓他痛徹心扉，於是他和蘇赫巴魯共同建議前郭縣內部出版一套《前郭爾羅斯民間文藝資料叢書》。經過當時中共白城地委宣傳部批准，在縣民委、文化局、文聯等單位的支持下，王迅、蘇赫巴魯和文化館的工作人員從1978年開始一直到1988年，用了十年時間，終於完成了全套叢書，也得到了省內外專家的一致好評。該叢書共包括十集。第一集：《建國三十年查干花新民歌選》；第二集：《蒙古族婚禮歌》；第三集：《蒙古族傳統民歌》；第四集：《蒙古族諺語》（一）；第五集：《蒙古族傳統民間故事》；第六集：《蒙古族諺語》（二）；第七集：《東蒙風俗》；第八集：《陶克陶胡》；第九集：《蒙古族四絃琴演奏家蘇瑪》；第十集：《松遼農諺》。其中，第二集《蒙古族婚禮歌》、第七集《東蒙風俗》、第八集《陶克陶胡》編印不久後，相繼被出版社選中，並公開出版發行。

1980年1月，在全省文代會上，王迅當選為吉林省民間文藝家協會理事；

1982年，王迅被吸納為中國民間文藝家協會會員；1985年7月，王迅出席國家文化部在西寧召開的「全國民族文化遺產蒐集整理研究經驗交流會」，並作了題為《堅持群眾性採風，堅持重點挖掘》的經驗介紹。

草原之子——著名蒙古族作家、詩人蘇赫巴魯

一九三八年，蘇赫巴魯出生在穆古頓城（今瀋陽）小河沿一戶姓額魯特氏的蒙古族舊官吏家中。因生肖屬虎，故家中長輩賜名為蘇赫巴魯，漢譯威虎之意。蘇赫巴魯的童年飽經戰亂顛簸，數度輾轉於城市鄉村之間。十七歲時，一個偶然的機緣，蘇赫巴魯開始學習作曲，並接觸到小號、小提琴等樂器。

一九五九年春，前郭爾羅斯蒙古族自治縣民族歌舞團赴長春匯報演出，蒙古族四絃琴演奏家蘇瑪和來自草原的「百靈鳥」其木格分別登台獻藝。觀眾席上的蘇赫巴魯第一次被自己民族醇若奶酪般的音樂和泥土般樸素的歌聲深深震撼了。演出結束，一直等候在後台的蘇赫巴魯欲拜蘇瑪為師，卻遭到了拒絕。

▲ 蘇赫巴魯與國際友人交流

不久，時任歌舞團團長的德吉倉布通過其木格致信蘇赫巴魯，請他到前郭爾羅斯走一走、看一看，如果真有意，畢業後將邀請他來民族歌舞團工作。迎著牧野春風，蘇赫巴魯欣然赴約。在前郭的幾天時間裡，敬仰的蘇瑪先生以精湛嫻熟的演奏技藝撥動著四絃琴，其木格用草原女兒特有的真誠和善良吟唱著天籟般美妙的歌聲，為蘇赫巴魯營造了一方「此曲只應天上有」的藝術仙境。從此，他再也沒有離開過郭爾羅斯草原。

一九五九年底，在從事文學、音樂的創作之餘，蘇赫巴魯記錄、整理了《蘇瑪四絃琴曲一百首》，並撰寫了《蘇瑪四弦演奏法》一書，為草原文學聖殿獻上了兩朵綺麗的藝術奇葩。也許是愛情的力量，也許是天賜其生花妙筆，僅僅五年的耕耘，蘇赫巴魯猶如一匹橫空出世的黑馬，連續創作並發表了四部長篇敘事詩和幾十首詩歌與詞曲，引起了當時蒙古族藝術界的廣泛關注。

一九六六年，正值蘇赫巴魯創作的黃金時期，一場突如其來的政治風暴轉

▲ 蘇赫巴魯早期作品

▲ 蘇赫巴魯全集

瞬間橫掃草原。

「在那個年代，我能在郭爾羅斯草原一個偏僻的牧村，白天躲在馬肚下，黑夜蹲在茅屋裡，靠兩間茅屋一盞油燈，靠一管鉛筆幾部史書，密密麻麻地積累著資料，我覺得這是一種『天助』。大概從那個時候起，我朦朦朧朧地產生了撰寫一部中國人乃至東方人藉以驕傲的一代天驕成吉思汗的慾望……」若干年後，蘇赫巴魯在《自傳》中如是說。

「三丈小圍，五尺茅屋；露雨代茶，研血著書。」如果說蘇赫巴魯早年的藝術創作憑藉的是天賦予靈感，那麼其後四十餘年的創作生涯則是由勤勉與執著鋪就的。在蒼茫的查干花草原，每個夜晚來臨的時候，蘇赫巴魯便於那昏黃的油燈下開始了研讀史書、記錄筆記的艱辛工作。十數載寒來暑往，十數載春華秋實，在那四壁漏風的茅屋內，蘇赫巴魯完成了數十萬字的筆記，為其日後的藝術創作奠定了堅實的基礎。

一九七七年金秋，蘇赫巴魯偶遇琴書世家的傳人——特木爾巴根，並與其成為形影不離的至交。這位民間藝人肚腹內深藏的民族瑰寶讓蘇赫巴魯深深震

撼。他知道，像特木爾巴根這樣精通歷史、諳熟傳說、長於韻律且隱居於草原牧野的民間藝人還有很多。從此，蘇赫巴魯遊走於茫茫草原，於篝火旁、氈帳內、馬背上尋訪那些身懷絕藝的民間藝人，努力蒐集散落於民間的古籍史料。對蘇赫巴魯來說，那是自然流淌的生命，那是美麗的天籟之音，那是蘊藏民間的文化精華。在異常艱難窘迫的環境中，蘇赫巴魯用手中的筆，整理記錄下十數萬字珍貴的蒙古族文獻資料，體裁涉及民間故事、歌謠、諺語、民歌等十數類。其中，從民間藝人寶音達賚口中採錄到一部完整的《蒙古族婚禮歌》，結束了吉林省沒有蒙古族專著出版的歷史；隨之，《阿勇干・散迪爾》《蒙古族風俗志》等十數部著作亦相繼問世，為蒙古族文學積累了一批寶貴的精神財富。

也許是特木爾巴根的歌聲和故事，讓他夢繞魂牽，也許是聖祖顯靈託夢於他，蘇赫巴魯萌生了創作一部《成吉思汗傳》的強烈願望。在他為創作《成吉思汗傳》蒐集素材的時候，正是蘇赫巴魯一家人物質上最艱難窘困的時期。為了讓《成吉思汗傳》更生動、更逼真，蘇赫巴魯多次赴內蒙古，訪遍鄂爾多斯高原，拜謁了成吉思汗陵，走訪了許多諳熟歷史的老人，蒐集了大量珍貴的史料。

十數載日日夜夜的累積，蘇赫巴魯終以飽滿的民族熱情、豐富的生活底蘊、廣博的文史知識和生動的錦詞妙語，完成了這部文史合璧的英雄史詩。至此，蘇赫巴魯成為蒙古人自己以漢文形式著作成吉思汗傳記小說的第一人，真實、客觀又藝術地刻畫了中國人自己心中的大汗形象，從而全面地整理和撰寫了蒙古民族浩瀚壯麗的發展史。一九九三年七月，在首屆「世界蒙古文學作家大會」上，《大漠神雕・成吉思汗傳》榮獲大會設立的唯一特等獎──「成吉思汗虎頭令牌」特別獎，《大漠神雕・成吉思汗傳》也成為蘇赫巴魯的成名作和代表作，一舉奠定了其在蒙古文壇不可撼動的輝煌地位，更為祖國贏得了榮譽。

一九七九年，在查干花草原蟄伏十數年的蘇赫巴魯猶如一隻涅槃重生的大

鳥，迎來了藝術創作的春天，從此開始了近乎貪婪的創作歷程……到二〇〇九年，蘇赫巴魯的《蘇赫巴魯全集》三十二卷由國際文化出版社出版發行。這部包括小說、詩歌、歌曲、散文、傳記、歌劇、話劇、好來寶劇、英雄史詩、民歌、故事、諺語、論文、評論、民俗等多種文體樣式的文學巨著，是蘇赫巴魯用心血與汗水築成的文化長城，更是一位忠誠的草原之子獻給故鄉、獻給祖國的文化寶鑑。

關東第一母親——柏青

　　柏青，一九三八年出生於長春市，在前郭縣評劇團退休，國家一級演員。主要作品有：電影《喜蓮》《快樂老家》《巧鳳》《任長霞》《法官老張軼事之養老樹》《兩個人的芭蕾》《龍鳳店》；電視劇《母親》《關東大集》《往事如歌》《一級恐懼》《我是警察》《燒鍋屯鐘聲》《希望的田野》《歡樂農家》《幸福生活》《家事如天》《柳樹屯》《歡樂的海》《手機》《永遠的田野》《楚留香新傳》之《鬼戀傳奇》《喜臨門》《宣言》等。二〇〇四年，央視春晚與鞏漢林合作的小品《都市外鄉人》，給觀眾留下了深刻印象。

　　誰能在年過花甲之後才踏進影視圈，並一舉紅了起來？柏青能。實際上，柏青並不是表演門外漢。年輕時，她是一名評劇演員，在劇團裡也是台柱子。一九九七年，六十歲的柏青退休後，在電影《喜蓮》中扮演了一個老太太的角色，逐漸被影視劇導演們認識了。二〇〇三年十月，央視一套黃金時段播出的電視連續劇《希望的田野》，柏青在其中扮演一個老媽媽。當時，正在四處尋找搭檔的小品演員鞏漢林看過後，立即興奮地喊道：「那個老媽媽簡直就是趙麗蓉趙媽的翻版，我立刻就去東北找她。」和鞏漢林合演小品後，柏青飾演的老母親形象深入人心，片約一個接一個。她在四十部電影電視劇中相繼出演過老太太，成熟老道的表演，外加慈祥樸實的外形，為她贏得了「關東第一母親」的綽號。

▲ 《美麗的田野》劇照

說起演影視劇，老太太說：「那跟演評劇還不大一樣。中國的地方戲，那是講究程式化，在舞台上，一切都是誇張的。而電視劇呢，是讓你在鏡頭前面去生活，要自然，平和。電影呢，要求更嚴一些，不但要演得自然、鬆弛，還要演得美，表現生活，還

要高於生活」。

柏青演過很多母親，《希望的田野》《喜蓮》《燒鍋屯的鐘聲》《家事如天》……這其中大部分都是深明大義的善良母親形象。在《家事如天》中，她就成功塑造了這樣一位母親形象。她輪流住在子女家裡，幫正處在婚姻危機中的二兒子夫妻恢復了和睦；幫下崗的長子重拾自信；幫居無定所的小兒子建立溫暖的家庭氛圍。雖然五百多場戲讓已經七十高齡的柏青有點吃不消，但她在接受採訪時開玩笑地說自己是「絕對女一號」。

柏青與鞏漢林合作的小品《都市外鄉人》，是讓人記憶深刻的一部作品。當初鞏漢林看上柏青，說是因為在她身上找到了「趙媽媽」的影子。柏青也承認這一點：「我和趙老師一樣，都是唱戲出身，而且行當都是一樣的。」柏青是六十多歲才「紅」起來的演員。應該說她的藝術營養源在前郭縣評劇團四十多年的經歷。柏青五歲時，母親就去世了，雖然幼年喪母，但因為小柏青愛唱愛跳，她的童年還是充滿了歡樂。小時候的柏青是個「戲來瘋」，在父親單位，只要有叔叔阿姨讓她唱歌跳舞，她就快快樂樂地唱起來、跳起來，不知道她身世的人根本看不出她是一個沒媽的孩子。一九四九年，十二歲的柏青穿上了軍裝，成了瀋陽砲兵第六師政治部宣傳隊裡的一個小戰士。在部隊宣傳隊

▲ 柏青

▲ 柏青傳遞奧運火炬

裡，她演得最多的是歌劇。一九五一年，部隊南下時，柏青被送回了長春市，當年就考進了長春市評劇團。可是之後因為患了嚴重的胃病，一九五四年，柏青只好退團了。後來她跟著師傅來到了前郭縣評劇團，成了台柱子，拿著最高的工資，演彩旦、刀馬旦，年復一年地下農村、進牧區、鑽蒙古包、睡土炕，在牧場上、糞堆上一遍遍地演著《花木蘭》《鳳還巢》《孔雀東南飛》《血手印》等劇目，成了名符其實的演藝明星。四十年間，她幾乎是在走村串鄉中度過的。白天，她和鄉親們一起勞動，晚上為鄉親們演出，和老鄉們一同吃住，和他們交朋友。正因為這樣，她對農民的生活和情感世界非常瞭解，她說：「演員這個職業不光是靠努力就能成功的，它離不開生活這片土壤。」

生活中的柏青也像她演過的各類母親一樣，是位和藹可親的老媽媽，尤其她那坦誠、爽快的性格，處處透著關東女人的俠義豪情。二○○五年十月，柏青參加電視劇《媽媽的醬湯館》拍攝，誰知剛進劇組就發生了輕度中風。中風對於老年人來說不是小事，很多人懼怕得不得了，可柏青卻以樂觀的態度處之，一方面積極配合醫生治療，一方面調整心態坦然面對，結果病情很快痊癒，不僅沒留下後遺症，還順利完成了拍攝任務。醫生說：「這麼大年齡的老人，能在如此短的時間裡恢復得這樣好，與她的樂觀心態有極大關係！」

柏青對腿的鍛鍊格外重視，只要得空，就會不失時機地踢踢腳、壓壓腿，她還撿起當戲曲演員時的基本功，經常繃緊雙腿跑跑圓場。堅持不懈的鍛鍊，使她現在腿腳依然靈活。在眾多農村題材戲中，那上炕盤腿的麻利勁兒，爬坡趟河的靈快勁兒，無一不與腿腳靈活有關。電視劇《家事如天》中有一場柏青冒著瓢潑大雨、手裡端著一鍋熱乎乎的雞湯追趕兒媳婦的戲。看過這場戲的觀

眾無不為柏青的敏捷動作叫好。

　　二〇〇八年七月十五日，奧運火炬在松原傳遞。經過一一〇名火炬手心手相傳後，八時四十七分，最後一棒火炬手——國家一級演員柏青跑向松原市東鎮廣場，參加收火儀式，為「聖火耀松原，激情映東鎮」北京奧運火炬接力松原站傳遞活動畫上圓滿句號。

　　二〇一四年四月十四日，柏青因病醫治無效，在松原去世。

首席馬頭琴演奏家——阿拉坦

　　阿拉坦，漢名趙金寶，蒙古族，一九六二年一月出生於內蒙古科左中旗。
中國馬頭琴學會副會長，吉林分會會長，吉林省民族管絃樂學會副會長，吉林
省民族樂團客座演奏家，吉林省藝術學院特邀馬頭琴教授。現任前郭縣民族歌
舞團副團長、首席馬頭琴演奏員、前郭縣馬頭琴樂團團長。

　　多年來，他刻苦鑽研，將馬頭琴演奏藝術發揚光大。他創作的馬頭琴曲目
已有一百多首，其中包括聞名省內外的《英雄的牧馬人》《騰飛的前郭爾羅斯》
《馴馬手》《駝群》《郭爾羅斯情》等。這些馬頭琴曲目在技法上借鑑小提琴的
技巧，創造性地採用了半音演奏、撥弦演奏、倒弓、分弓、震弓、連跳弓等演
奏法，使馬頭琴演奏在創新中不斷發展。一九八八年，阿拉坦率領馬頭琴私人

▼ 領奏

演奏組參加了中國首屆藝術節，一舉奪得演奏二等獎、作曲二等獎兩個獎項。一九九六年，阿拉坦再次組織了一支十二人的馬頭琴演奏隊伍，參加全國色拉西馬頭琴大賽，並榮獲演奏二等獎。這是所有縣級參賽選手中的最好成績。

阿拉坦在努力鑽研馬頭琴演奏技藝的同時，還積極地投身於馬頭琴的教育教學工作。他在全縣各中、小學校集中舉辦訓練班二十八期，還舉辦了四期馬頭琴專業教師培訓班。在阿拉坦教過的學生中，有五名考入吉林省藝術學院，二名考入內蒙古大學藝術學院，二十名考入內蒙古藝術學校，一名考入蒙古國藝術學院。在其學生中，色日古楞更是成為中國第一個馬頭琴研究生。

在阿拉坦的積極努力下，前郭縣馬頭琴事業獲得長足發展。一九九七年，中國馬頭琴協會吉林分會在前郭縣成立，阿拉坦擔任會長。二〇〇六年，以阿拉坦為團長的前郭縣馬頭琴樂團正式成立，這是全國第一家馬頭琴專業團體。目前，樂團人員已有五十多人，經常參加省內一些重大文藝活動，已成為前郭縣發展民族文化的主打品牌。二〇〇六年九月一日，在前郭縣成立五十週年的慶祝大會上，由他和馬頭琴樂團領奏的一一九九人的馬頭琴表演，創造了吉尼斯世界紀錄。

為了更好地完成二〇〇八年北京奧運會聖火傳遞活動，阿拉坦創作了團體演奏的馬頭琴曲目《永恆的聖火》，帶病深入五十多所中、小學校，選拔最優秀的樂手並親自進行培訓輔導。二〇〇八年七月十五日上午，在北京奧運會聖火傳遞松原站的起跑現場，二〇〇八名馬頭琴手以氣勢磅礡的齊奏表演，創造了新的馬頭琴齊奏吉尼斯世界紀錄。

阿拉坦對前郭縣馬頭琴事業的發展做出了突出貢獻，二〇〇八年，他獲得前郭縣首屆「郭爾羅斯文化獎」專業一等獎。二〇〇九年，他又獲得了松原市「哈達山文藝獎」，同年，由他作曲的歌曲《我的根在草原》榮獲中宣部第十一屆「五個一工程」獎。

第四章
——

文化景址

查干淖爾大草原的美是多樣的，鬱鬱蔥蔥是一種充實絢麗之美，枯黃泛白是一種悲壯蒼涼之美。最美當屬那春風吹過，枯草下面湧動出了綠色，不經意間滿眼泛黃，彷彿呼之慾出的希望之美。而更多的時候，查干淖爾大草原與查干湖的交相輝映會讓你領略到一種震撼之美。

青山頭古人類遺址

　　在查干湖茫茫水域的東岸，有一座綿延起伏的山崗。山崗的南端陡然峭立，從湖面仰望，形成高高的山頭。山下楊柳成蔭，遮天蔽日，山上一片黛綠，清秀怡人。這就是遠近聞名的青山頭。從青山頭出土的古人類化石，被古人類學家稱為「青山頭人」。

　　青山頭的北坡緩緩延伸，與東西的草地及南面山下的沼澤形成了肥田沃野。在原始的草原上奔跑著獐、野鹿，湖水中暢遊著魚蝦，沼澤地上空飛翔著鴨、雁、天鵝，青山頭臨湖近水，背風向陽，是古人類理想的居住棲息之地。

　　一九八一年和一九八二年，吉林省地震局和吉林省地質礦產局先後兩次在青山頭發現古人類的頭蓋骨和部分軀幹化石，經碳十四測定，其中一人為成年男性個體，距今約一萬多年。一九八三年，在編寫《前郭爾羅斯蒙古族自治縣文物志》進行文物調查時，人們在這裡發現了打製的刮削器、石核、長石片和打製精細的柳葉形石箭頭等。同時發現的還有骨椎一件。採集到的陶片均為手製，火候低，內部摻有片狀蚌殼粉，器形多為缽、罐一類器物。在地表下四十至六十釐米的土層中，還發現有紅燒土、炭塊及魚骨、獸骨等遺物。一九八四年，吉林省文物考古研究所又在這裡進行了科學發掘，獲得人骨化石一具。同時發現的還有打製粗糙的石器和骨製、蚌製的裝飾品。經碳十四測定，這具人骨距今約

▲ 青山頭人像

九千年左右。以上資料表明，青山頭早在一萬多年前的舊石器時代晚期，就有古人類居住，一直到距今四、五千年左右的新石器時代，人類仍然在這裡繁衍生息。這是迄今為止在吉林省西部地區發現的最早的、延續時間最長的古人類，被稱作青山頭人或前郭人。

穿越時空隧道，遙想遠古時期那刀耕火種的年代，青山頭人居住在半地穴式的房屋中，使用著原始的石器、木棒狩獵，用打製的刮削器和長石片切割獸肉和獸皮，用粗糙的陶器燒煮食物，用採集的野果、種籽和捕撈魚蚌補充食物之不足，用骨椎和尖狀器縫製原始的皮衣，以抵禦寒冷，男人的頭上或脖頸上，女人的胸前和耳朵上，戴著骨製、石製或蚌製的裝飾品，過著原始社會氏族部落的生活……在得天獨厚的查干湖畔，追獐逐鹿，捕魚撈蝦，男獵女耕，用原始的生產工具，不屈不撓地開拓著人類進化發展之路。

如今，青翠的青山頭和美麗的查干湖已經成為郭爾羅斯草原上一顆璀璨的明珠，吸引著八方遊客。當你站在高高的青山頭上，盡可領略查干湖如詩如畫的山光水色。遠遠望去，天水茫茫，碧波萬頃，浩渺無涯，蔚為壯觀。湖面上銀波粼粼，漁帆點點；岸邊蘆葦蕩漾，百鳥啁啾；叢叢蓮荷吐蕊，引來彩蝶翩翩；野鴨鷺鷥在水中嬉戲，白鶴天鵝在空中飛翔，湖鷗追逐著快艇飛馳劃起的白浪，魚兒跳躍於浪花之中……一幕幕江南水鄉的美景，一幅幅北方澤國的畫卷，會把遠方的遊客從喧囂擁擠的都市，一下帶進了古樸純真的大自然，帶給人無限的遐想。

青山頭，是查干湖永久的玉製屏風；青山頭人，是郭爾羅斯勤勞智慧的祖先。

紅石砬子遺址

　　紅石砬子遺址，位於吉拉吐鄉東燈婁庫屯南約二點五公里，一九五九年被首次發現，一九八一年被確定為吉林省重點文物保護單位。多年來，由於遺址遺物豐富，分布面積大，越來越受到考古學界的重視。

　　遺址居高臨下，東端被松花江岸雨水沖涮坍落，北端是一條東西走向深約十五米的季節性水溝。遺址表面是耕地，由於多年耕作，在東西約五百米，南北約七五〇米的範圍內遺物暴露較集中。其主要是陶器殘片，有鼎足、鬲足、豆把、陶紡輪，以及各式器壁、器耳、口沿等生活用具殘片。石器很少見，只採集一件沉積岩磨製而成的三角狀殘件，分辨不出器形。陶器可分夾砂褐陶、泥質褐陶和紅褐陶、彩繪陶三種。夾砂褐陶主要有鬲、罐、壺之類器物。鬲為高檔深袋足，外飾繩紋。由於火候較淺，內表呈黑褐色，外表經過打磨，凸凹不平的手製痕跡明顯。罐、壺皆為圓唇斂口，外表口沿部磨光，在口沿一點五釐米下畫有不規則的細曲線紋。內壁粗糙，砂石裸露。泥質褐陶、紅褐陶的陶土較粗，夾有細砂。器形有鬲、鼎、豆、罐、缽、壺、杯等。鬲足為圓錐形、短柱形兩種，襠低呈淺袋狀，多是素面，少數見有繩紋。火候較淺，足心燒不透，呈灰色。由於鬲足上部陶片殘碎，鬲身形狀不詳。鼎足為圓柱狀和圓錐狀，圓柱狀有高矮之分，高足略外曲，外表粗糙，凸凹不平，手製痕跡明顯，燒有生心。圓錐狀上有繩紋。豆只發現豆把及口沿部，把較粗，直經五釐米，為實心，外表與豆盤皆經過打磨。由於火候較淺，皆呈黑褐色。罐、壺、缽、杯等有素面、繩紋、網格劃紋之分。繩紋多是豎向，也有的互相交錯，局部成網格。另有一種篦點三角形幾何紋飾。也有在器物口沿及底部有指甲按壓紋和三角椎刺紋飾。口沿多為圓唇、尖唇侈口，也有的是方唇直口。底皆為平底。器身則多為豎向板狀或柱狀橋形耳。由於火候不均，這些器物呈褐色、黃褐色、紅褐色多種。外表多數經過打磨光滑，但仍能看出手製痕跡。

紅石砬子遺址屬於「漢書文化」類型。漢書位於大安縣月亮泡沿岸，是考古界命名的一種原始社會文化類型。漢書文化分二期，一期（下層）文化相當於中原的西周時期，二期（上層）文化其年代下限相當於西漢時期。從紅石砬子所採集的遺物看，泥質紅褐陶中既有漢書一期的復合篦紋圖案，也有二期的繩紋、印壓紋、彩繪等紋飾，並見有帶把杯殘件。所不同的是未發現漢書遺址的紅彩繪「條帶紋和三角形組成的幾何圖案，雷紋、雲紋、三角勾紋和網紋」等紋飾，以及船形器。而此遺址發現鼎足較多，這和漢書遺址不同，而和相鄰的農安田家坨子遺址相似，並且鼎的做法也相同，即「先製器身，再在底部掏三個洞，然後將實足插入洞內，內外抹泥」，椎狀鼎足上帶有繩紋。另外和田家坨子遺址相似的是在罐和罐形器口沿或底部，見有指甲按壓紋。同時石器工具少見。紅石砬子遺址採集的遺物本身，從夾砂褐陶到泥質紅褐陶，從高襠袋足鬲到低襠袋足鬲等這一變化，雖未經過考古發掘進行系統的揭露其內涵，也可粗略地見到紅石砬子遺地其本身文化的演變過程。

以上文化類型的比較說明，生活在紅石砬子遺址的先民們，當時已經處在階級社會的前夕，甚至已經進入階級社會的門檻。雖然石器已很少使用，但陶器生產仍然保持在落後的手製階段，這一現象和中原地區黃河中下游相比，有

▲ 紅石砬子遺址

著明顯的區別。

　　紅石砬子遺址真實地再現了西周時期北方少數民族在嫩江、松花江一帶的生活狀況、民俗風情、社會面貌，為研究松原地區少數民族發展史提供了重要資料。

遼金重鎮——塔虎城遺址

　　塔虎城遺址為遼代長春州、金代新泰州故址，位於查干湖東北十五公里處。沿圖烏公路驅車北上，快到八郎鎮北上村時，很遠就能看見古城的城牆，像巨蟒一樣橫臥在沃野平疇上。公路從南門進入，北門而出，四周城牆十餘華里，方方正正。古城的西、北為平原沃野，東為嫩江，東南係嫩江台地，夾雜著沼澤，水、旱兩路直通古城，戰略位置十分重要。

　　古城城牆由夯土板築而成，從殘斷處可見到密密夯層和夯窩。城牆上部為黃土，下部多是五花土，時而露出殘磚斷瓦、陶瓷碎片。雖經九百餘年風剝雨蝕，城牆仍高六米左右，寬十米有餘。

　　遠望古城，城牆上每隔一段有一高台，這個高台俗稱「馬面」，是士兵守護城牆、防禦城外敵人進攻的掩體。每面城牆上有馬面十六個，全城共六十四個，這些馬面均相隔六十七米，為「一箭」之地的距離。

　　古城設有四座城門，分別在東、西、南、北城牆的正中，門寬十二米。城門外設有「甕城」，甕城之門是偏開的，人馬進城皆先進甕城，然後才能進入城門。目前，西城門保存最好，甕城和城門都很清晰、完整。

　　在古城的四角，各設角樓一座。殘留的角樓高高地突出在城牆上，凸出城

▲ 遼金重鎮塔虎城舊址

牆外約二十米左右。城牆之外有兩道護城河，每道寬約十米，深約四米。在城門甕城處，護城河隨甕城向外彎曲而過。到城角角樓處，在第二道護城河外又加一道，形成三道護城河。可見當年古城在防守設施上是十分嚴格的，軍事位置也十分重要。護城河水是從東門外引嫩江之水灌入的，至今仍留有引水道的痕跡。

二〇〇〇年吉林省考古所對城內勘探得知，城內原有南北街道五條，東西街道七條，相互交叉成「井」字街，路兩邊多是店鋪作坊。沿四周內城牆邊，有一條大街環繞全城，每到城門、角樓處，道路沿城牆內壁上升，斜坡式上到城牆上，專供護城士兵使用。

古城中央地勢較高，可望城內全貌。自清末民初古城被開墾以來，城內建築遺存大多被破壞。據當地老年人講，當年在城內還能看到很多處建築遺址。

▲ 塔虎城牆馬面

一九七五年，開展農業學大寨時，這些遺址都被剷平了，只剩下城西北角的一處建築遺址，群眾稱其為「金鑾殿」。據說，附近還有一口古井，當時出土很多文物，大部分被群眾拿走，磚瓦陶瓷殘塊隨手即拾，殘銅錢、鐵鍊渣、紅燒土、魚骨獸骨隨處可見。在古城牆東北角護城河處，有一處高台遺址，高約十米左右，地表遍是碎磚斷瓦、白灰塊，當地群眾稱其為「點將台」「瞭望台」。但從遺址出土的銅風鈴和蓮花紋雕花磚等遺物看，此台應是一處塔基，至今仍保留較為完整。

在古城外的東面及北面，也保有建築址和居住址，而且有兩個深約三米的大土坑，群眾稱其為「燒鍋院」，這裡曾出土許多類似酒糟一樣的穀物。在城的西面和北面，也曾發現很多被破壞過的磚室墓葬和「甕棺」墓葬，甚至有遼金壁畫墓痕跡。

從古城的形制、規模和多年出土的文物看，塔虎古城既是遼、金時期一座軍事重鎮，也是一座繁華的州城。雖幾經變遷，但仍不失「皇家遊獵」之勝地的風範，留給今天的人們以無限遐想——當年是城牆巍峨屹立、殿宇軒昂；古城內市井繁華、店鋪林立；曾經歷龍盤虎踞、旌旗蔽日；亦曾見胡笳殘月、金戈鐵馬。從「頭魚宴」「頭鵝宴」的歌舞昇平到戰鼓兵車、烽煙四起的朝代更迭，留下的是北方諸民族歷史遺跡和人類社會文化的深厚積澱。

關於塔虎城，至今仍留有很多民間傳說，增加了古城的神祕色彩。相傳，過去有一個窮人，在年關逼近的時候出去借貸，卻空手而回。在他傍晚時分路過塔虎城的時候，一個奇怪的現象出現了：原本十冬臘月天氣，城裡卻長滿了青枝綠葉的莊稼。這個人覺得很是驚異，這個季節怎麼能長出綠油油的莊稼呢？於是，他便折下一片高粱葉子拿回家，想給鄰居們看看，說說這件新鮮事。第二天早晨，他發現家裡放著的哪是什麼高粱葉子，而是一片金葉子。等他再到塔虎城去看時，那裡又是一片冰封雪地了。

類似的故事很多很多，如「金兀朮屯兵塔虎城」「楊八郎大戰塔虎城」「岳家軍用白麻雀大破塔虎城」等等，都鮮明地反映出人們對神祕和神奇的塔虎城的無限遐想。

契丹古墓群遺址

二〇〇四年六月初，工人們在國道
203線拓寬工程施工時，在查干湖南岸查
干吐莫發現一處古代墓群。在施工單位
的大力配合下，吉林省文物考古研究所
對墓群進行了為期兩個月的搶救性清理
發掘。通過對施工地段大面積考古鑽
探，共探明並清理髮掘典型契丹古墓十

▲ 古墓群一角

七座，其中磚室墓十四座，木棺墓三座。由於古墓大部分早期被盜，故出土隨
葬品只有白釉瓷碗、陶壺等文物二十餘件。

十四座磚室墓均為方形、圓形、八
角形、三角形券頂墓，墓葬的大小從二
米到二點八米不等。墓室內四壁多為仿
氈帳房屋建築壘砌，有窗、柱等。墓門
為三角形斜砌與墓道相通。由於墓葬早
期被盜，骨架及隨葬品均散落於墓內。

三座木棺墓均採用整棵圓木中分後

▲ 古墓內景

交叉咬合而成，棺木均已朽爛，殘跡實測均約一點五米乘二米。棺內從骨架及
隨葬品的擺放看，木棺墓未曾被盜。

根據墓葬中出土的隨葬品及墓葬的形制特點、葬式葬俗看，該墓群應為遼
代中晚期的一處契丹人家族墓地。這處契丹古墓群的發現清理，為研究遼金時
期的歷史及喪葬習俗、墓葬及房屋建築形式、家族等級關係等提供了重要的考
古資料。

滿蒙文石碑

滿蒙文石碑，俗稱「庫里碑」，坐落在長山鎮庫里屯前，碑文為滿蒙兩種文字。一九八一年，吉林省人民政府批准此碑為吉林省第二批重點文物保護單位，定名為「滿蒙文石碑」，全稱「追封忠親王暨忠親王賢妃碑」。與石碑一起原有一廟址，二者呈一條直線相連，現仍能看出殘跡。現遺址基高一點二米，南北約三十米，東西六十米，舊址及周圍散布著許多泥質炭色碎磚斷瓦及少量清代瓷器殘片。在十年浩劫中，碑額、碑身和碑座被多次移動，碑身也斷為兩截。

據調查，距此碑以西約一點五公里的長山熱電廠北側山坡上，曾有一清代「公主陵」遺址，一九四六年遭破壞，現只能見到零星殘磚碎瓦。據卡倫店八十九歲農民齊山回憶，此遺址為歇山式磚瓦結構，四周築有圍牆，前有門樓。內有石碑一座，上為「九眼透瓏」碑額，方趺，碑上漢字寫有「追封福王碑」及「大清崇德二年秋吉日立」等字樣。

滿蒙文石碑由碑額、碑身、碑座三部分組成，通高五點八二米。碑額呈長方體，頂端兩角略圓，高一四五釐米，寬一三〇釐米，厚四十釐米。額正、背兩面各由兩條相互盤繞的蟠龍組成。雙龍前肢下撐，互被對方尾部所捲，

▲ 滿蒙文石碑

後撲共蹬一球，翻騰於雲水之中。龍俯首向下，張牙瞠目，眼突眶外，粗獷勇猛，有旋舞再起之勢。球的下方，有一豎長45釐米，橫寬40釐米呈長方形的凸起平面，上用雙線陰刻兩行長短不等印刷體滿蒙文五個大字。左側兩個是新滿文，右側三個是古蒙文，最長者17釐米，最短者10釐米。下方至碑額底部12釐米寬皆為精雕雲水圖案。

碑身呈板狀長方形，高292釐米，寬125釐米，厚34釐米。碑身正面四周有寬為12.5釐米的雲龍浮雕圖案。內刻有小龍十二條，上、下各兩條，左、右各四條。每條小龍長約52釐米，龍身凸出碑面約1.5釐米，朵朵流雲與碑面相平。上下四條小龍，每組各兩首相望，直奔一珠；左右八條，皆頭向上身朝內，各逐一珠。龍鬚髮倒捲，張牙舞爪，飛騰於流雲之中，形象逼真。所逐球上，火焰飄飄，燦燦生輝，富有生氣。碑面上，從上到下，從左到右，並排刻有15豎行共383個字，單線陰刻，為印刷體滿蒙兩種文字。右側七行為滿文，共182個字。右側八行為古蒙文，共201個字。兩種文字第一行皆為「追封忠親王暨忠親王賢妃碑」，尾行皆為「大清國順治十二年五月初七日立」。其字跡清晰，刀法純熟，字體遒勁有力，雖經數百年，仍然內容完整無損。只是由於人為破壞，將下部龍紋邊楨拖磨至損。碑文漢譯如下：

追封忠親王暨忠親王賢妃碑

帝王恭賢尊功，必崇封宏世，憲前而存後，廣開親親之道，銘於鐵石，宜究本以示意。

聖母明聖仁上恭恂皇太后；

王考妣育吾者也，思稽其本，祖獲福而子來端，祖母榮貴而福生焉。爾子後濟此封王，授以洪恩，今理祖母遺體，念德崇恩，並立冊文，追封祖父為忠親王，祖母為忠親王賢妃，立碑於墓，永存後世，仁親薦恩。

大清國順治十二年五月初七日立

▲ 孝莊祖陵陳列館

　　碑身背面的四周和正面一樣，亦為雲龍浮雕，中間無文字。碑座為一完整巨石雕製而成的石龜。首尾長310釐米，高145釐米，最寬處132釐米。龜四足撐地，昂首向前，張口露齒，舌微上翹，兩眼前視，神態自若，大有千年負重而無怨恨姿態。身上紋飾雕刻精美，使石龜更加栩栩如生。

　　碑質為火成岩，碑額、碑座呈淺褐色，碑身呈深灰色。整個石碑造型得體，雄偉壯觀。其紋飾嚴謹，布局緊湊，刻工精細，主次分明，藝術處理十分巧妙。

　　滿蒙文石碑原有碑亭，係四角攢尖磚瓦結構。亭後是一寺院，外有青磚圍牆，前有門房三間，中為門，左右有關平、周倉泥塑像。院內正庭三間，內供關帝像。據群眾講，解放初此陵遭破壞時，關帝像下曾有一磚室墓，深約三尺，內有一木棺，棺內有一暗黃色鑲嵌金、銀飾片的骨灰盒，中有屍骨數塊。同時還出土很多金、銀器，包括銀盆、金耳飾、金碗、金筷子等遺物。

據偽滿民生部厚生司教化科康德八年（1941年）十月編輯的《滿洲古蹟古物名勝天然紀念物彙編》「郭爾羅斯前旗」條所載：「賓圖妃墳」在「塔虎庫利屯」，「謂前清順治年間，該賓圖妃作故，由達爾罕王擇選塋地至本旗庫利屯地方安葬修廟，同留墳丁十戶管理祭祀事宜」。「賓圖」二字蒙古語發音是「Bingtu」，此乃是音譯，其意譯應為漢語之「稱重的」「敦厚的」或「厚道的」，仍屬敬詞「賢」之意。「賓圖妃」和碑文中「賢妃」是一致的，庫利屯即庫里屯。「庫里」蒙古語發音為「hur」，「墳墓」之意，由此而知，庫里屯即是由這十戶墳丁繁衍而立。現在屯中趙姓、高姓、包姓等蒙古族，多是當時墳丁的後代。

忠親王，博爾濟吉特氏，名寨桑，清初內蒙古科爾沁部貝勒。《清史稿·外戚表》載：「孝莊文皇后父寨桑，莽古斯子。順治十一年五月壬辰，追贈和碩忠親王。」《清史稿·列傳·后妃》也有同樣記載：「孝莊文皇后，博爾濟吉特氏，科爾沁貝勒寨桑女，孝端皇后侄也。天命十年二月，來歸。崇德元年，封永福宮莊妃。三年正月甲午，世祖生。世祖即位，閏為皇太后。順治十一年，贈太后父寨桑和碩忠親王，母賢妃。」忠親王寨桑，就是清世祖順治皇帝外祖父，忠親王賢妃，即順治皇帝的外祖母。兩人死後，於順治十一年（1654年）五月，被皇帝追封為和碩忠親王和賢妃，順治十二年五月初七，按順治皇帝旨意，由他們的長孫和塔立碑於墓前。

據《蒙古世系》一書載，忠親王寨桑有四子，唯其第四子滿珠習禮尚郡王，授和碩額駙「封扎薩克多羅馬圖魯郡王」，「賜達爾漢號」，「晉和碩達爾漢巴圖魯親王」。領科爾沁左翼三旗及郭爾羅斯二旗。康熙四年（1665年）卒，尤其長子和塔繼承親王位，兼扎薩克。忠親王其他諸子亦皆有封爵。

寨桑女孝莊文皇后，清太宗皇太極妃，她生了清世祖福臨，在順治朝稱太后，康熙朝稱太皇太后，活了七十五歲，是清早期著名的太后。她「為人精明能幹」，入關之初，她輔助幼年的順治皇帝，周旋於睿親王多爾袞、鑲蘭旗旗主濟爾哈朗等權勢集團之間，度過了許多次險惡的政治風波，使政權復歸於自

己的兒子。她「在滿族親貴中極有威望」。康熙皇帝親政以後，她又輔佐年僅十四歲的康熙，以迅雷不及掩耳的手段翦除了「專權擅政」的滿族權貴鰲拜，「扭轉了倒退的政策趨勢」，為清初的政局穩定、統一做出了傑出貢獻。

滿蒙文石碑，是我省清代碑刻中規模較大、雕工精細、藝術處理比較完美的石碑之一，具有較高的藝術價值。碑上的滿文與蒙文在研究滿蒙兩種民族文字的發展、文化的形成方面具有重要的參考價值。一九八三年，吉林省文化廳決定撥款在原地黏接修復，並建保護圍欄，樹立標誌說明，恢復其歷史面目。一九九七年又建保護碑亭。二〇〇二年遷於長山電廠明珠園內，建「清孝莊祖陵陳列館」保護。

查干湖

　　從地球遙感衛星鳥瞰廣袤秀美的華夏大地，可以清晰地看到吉林省西部兩大水系——松花江和嫩江，分別從南北兩個方向匯流到一起，組成一個「人」字。在這「人」字形的交匯點上，有一個面積達四二〇平方公里的湖泊，那就是查干湖，她就像聖女雙手托起的一顆璀璨明珠，晶瑩地跳動在前郭爾羅斯遼闊的草原上。

　　中國湖泊眾多，分布廣泛，對湖泊的稱呼也各有特色。就民族而言，漢族稱之為湖，藏族稱之為錯或茶卡，蒙古族稱之為諾爾或淖爾，滿族稱之為泡子，白族稱之為海。

　　查干湖，蒙古語為查干淖爾，意思是白色聖潔的湖，是吉林省最大的內陸湖和自然保護區，總水面積約四二〇平方公里，蓄水量七億立方米，平均水深

▼ 查干湖景區鳥瞰

▲ 獵魚

二點五米，最深達六米。湖區南北長三十七公里，東西寬十七公里，湖岸線蜿蜒曲折，長達一二八公里。四周環境優美，景色秀麗，風光迷人，是吉林省著名的漁業生產基地、蘆葦生產基地和生態民俗旅遊勝地。這裡也是濕地自然保護區，是野生動物的天堂、鳥類的樂園。一九九二年被列入吉林省自然保護區。在草原上、森林裡、田野間，有狐、兔、貂、獾等野生動物二十多種；在水肥草美的綠野平疇上，棲息著野雞、野鴨、大雁、灰鷗、鷺鷥、天鵝、丹頂鶴等珍貴鳥類八十多種；同時，這裡也是天然的植物園，有野生植物二百多種，其中藥用植物一四九種。查干湖盛產的鱅魚（胖頭魚）經國家綠色食品認證中心認證為AA級綠色食品。查干湖的冬網捕魚場面最為獨特和壯觀，數九寒天，上千人冰上作業，幾十輛機動車晝夜運輸，幾十萬斤鮮魚破冰而出，其場面堪稱全國之最，已於二〇〇五年成功申報單網捕魚吉尼斯世界紀錄。

查干湖湖區周邊草原面積達一千公頃以上，前郭爾羅斯草原廣袤無垠，未受污染，被譽為「北國碧玉」，以牧草為主，植物多達一千餘種，形成了不同特色的植被群落景觀，是綠色的海洋。到了冬季，查干湖百色歸一，銀裝素裹，呈現出一派冰雕玉琢的北國風光。

查干湖旅遊度假區南距長春一四九公里，北離白城一三二公里，處在長春到吉林省西部的交通要道上。具有多種景觀和因天氣、天象變化而形成的區內八景；以塔虎城、哈達山、蓮花源、庫里碑為代表的外圍八景；以青山日出、長山煙雨、佛寺曉月、飛雪迎春為代表的景外八景。這二十四景的景緻景觀構成了查干湖旅遊度假區的框架。現在，查干湖旅遊度假區的開發和建設已經初具規模，景區八個旅遊功能區塊，形成了一個完美整體。這八個區塊分別是：旅遊度假中心區、草原風光蒙古風情旅遊區、水上運動區、水上娛樂休閒區、野餐野營區、濕地生態旅遊區、農業觀光區、石油產業觀光區。

查干湖區內人類活動可追溯到一萬多年以前的舊石器時代。在漫長的生存和繁衍過程中，祖祖輩輩流傳下來的生活習俗、宗教信仰、禮儀服飾、飲食起居、民族藝術、音樂舞蹈、傳統工藝和節慶活動，構成了查干湖獨具特色的旅遊資源。查干湖在歷史上就是天然的漁獵之地。據史籍記載，這裡古稱「大水

▼ 查干湖大橋

泊」,「周圍三百里」。遼代自聖宗皇帝起,直至天祚皇帝,每年春季千里迢迢地從京城出發,帶領群臣及皇后、嬪妃們到查干湖巡幸、狩獵,舉行「頭魚宴」和「頭鵝宴」。君臣狂歡,飲酒作樂,春盡乃還。在查干湖的東岸如今仍保留著青銅器時期的青山頭古遺址、遼金時代的軍事重鎮塔虎城和清朝順治年間的「追封忠親王暨忠親王賢妃碑」(庫里滿蒙文石碑)。二〇〇二年,前郭縣成立查干湖旅遊經濟開發區,專門開發建設查干湖。查干湖先後獲得國家「AAAA」級旅遊景區、國家級自然保護區、國家級水利風景名勝區、中國縣域旅遊百強景區和中國有機魚生產基地等榮譽稱號。

查干湖內八景

聖湖風光:查干湖號稱「北國明珠」,又被稱作聖湖,水質澄澈、煙波浩淼、水鳥翔集、蘆葦如濤,景觀壯美、靜謐而蒼涼,給人以震撼性的美感。

草原天堂:郭爾羅斯草原位於松嫩沖積平原,地勢平坦遼闊。引松運河像閃亮的緞帶鑲嵌其間,灌溉著稻田,也滋養著草原;蒙古族風情純正濃郁,那達慕大會、祭火、新年、祭敖包、成吉思汗大祭、端午獵日等節事活動豐富多彩,對遊客產生了強大的吸引力。

▼ 葦海蕩舟

蘆葦蕩漾：查干湖水波浩淼，蘆葦蕩漾，一片煙水迷離。查干湖的蘆葦蕩，不僅是重要的造紙原料，也是鳥類重要的棲息之所，同時還是蔚為壯觀的旅遊景觀。

　　百鳥爭鳴：查干湖是吉林省重要的濕地保護區，鳥類生活的棲息地和遷徙中轉地。新甸泡位於查干湖保護區的核心地帶，蘆葦叢生，水草豐茂，一到鳥類繁衍遷徙季節，這裡百鳥雲集，堪稱鳥類天堂。

　　冬漁奇觀：查干湖盛產青魚、鯉魚、鰱魚等數十種魚類，每到冬季，漁民鑿開厚達一點五米的堅冰，將二千米長漁網徐徐送入水中，喊著號子，將成千上萬斤的魚拉出水面，運向四方，場景非常壯觀。

　　鴻鵠憑欄：鴻鵠樓位於查干湖畔制高點上，樓高三十七米。飛簷鬥角、雕梁畫棟，建築精美，風格獨特。登樓遠眺，只見水天一色、白帆點點、雲水無邊、百鳥翔集，實為人間佳境。

　　百舸爭流：魚汛季節，千帆競發，百舸爭流，場景異常壯觀。

　　水上樂園：廣闊水面上的遊艇等現代娛樂設施構成吸引人們尤其是青少年的水上樂園。

查干湖外八景

　　青山日出：青山頭三面環水，被查干湖環抱。日出時，煙水迷茫，雲蒸霞蔚，景緻壯美。

　　大壩日落：油田大壩西臨查干湖，水面遼闊，是觀賞日落的絕佳位置。日落時分，夕陽燦爛，水上金光閃閃，景緻讓人沉

▲ 墨湖夕照

醉。

　　長山煙雨：長山不高，宛如臥龍，橫亙在查干湖北面，煙雨之中，山形奔走，彷彿要騰空而起，場景奇妙。

　　佛寺曉月：歷史上的妙因寺曾是前郭地區的宗教文化中心，廟宇規模宏大，香火鼎盛，四方朝拜信者，絡繹不絕。在原址上重建的妙因寺，依山面水，建築精美，體現了正統的藏傳佛教風格，是人們修身養性、觀光旅遊的勝地。

　　藍天白雲：天高雲淡，白雲朵朵，大地遼闊，牛羊成群，草原勝景，美不勝收。

　　飛雪迎春：漫天風雪，籠罩了查干湖和草原，預示著春天即將來臨。

　　原馳臘象：冬季，冰雪覆蓋了草原大地，一片銀裝素裹。低山在草原上微微隆起，一派原馳蠟像。

　　草原風暴：茫茫草原一到冬季就成了狂風肆虐的世界。呼嘯的寒風，裹挾著冰雪，穿過蒙古高原來到這裡，刮得天地一片蕭條，讓感覺遲鈍的現代人，感受到自然的風格和力量。

▼ 妙因古剎

查干南湖

　　查干南湖位於查干湖保護區緩衝區的長山鎮、查干湖鎮境內，由一條人工渠道與查干湖相接。查干南湖最高水位132米，湖底高程為129.5米，面積3000餘公頃，平均水深1.5米左右。湖內葦蕩幽深，蒲草密布，荷花婷立，馬蹄蓮怒放，景觀十分壯美。這裡盛產大面積的蘆葦、荷花、野蓮花等，待到野蓮花盛開時節，湖內一片金黃。大量的野鳥在此棲息築巢。當遊客乘船穿梭在蘆葦中時，不僅可以觀賞到無邊無際的蒲草蘆葦蕩，還可以聽到鴨雁私語，觀賞到野鳥起飛的翩翩美態。偶爾還會見到調皮的魚兒跳水戲浪，情趣一片悠然。

沿湖路

　　沿湖路位於妙因寺南側、查干湖北岸。路面平整，寬敞通達。路邊綠草如茵，野花幽香。人們漫步於沿湖路上，往往會被眼前的景色所驚呆。首先映入眼簾的是一片煙波浩淼的大水面，充滿誘惑力的蔚藍色頓時會溢滿你的視野，偶爾發現在水天相接處出現的片片白帆，馬上會讓你想起「直掛雲帆濟滄海」的美妙詩句！走近湖水邊，採摘一朵野花拋入湖中，會看到許多小魚圍上來嬉

▲ 聖湖廣場

戲。迎著麗日望著純淨的湖水，會見到水中沉積的貝殼、卵石在陽光照耀下閃爍出的各種光圈。約上幾個朋友，租上一隻竹筏，蕩游於波平如鏡的查干聖湖上，穿梭於茂密的蘆葦叢間，觀賞著朵朵露著粉紅色笑臉的大荷花、野蓮花，心中會充滿無窮的愜意，產生很多甜蜜的遐想。

大湖濕地

查干湖被譽為「塞外明珠」，是吉林省重點濕地自然保護區，濕地總面積五一二平方公里，是許多珍稀鳥類繁衍生息的天堂和遷徙的棲息之地，美學價值和生態價值都很高，其濕地的形成演變具有典型性和獨特性，是開展濕地生態科學考察和科學普及旅遊的理想之地。

湖心島

湖心島位於查干湖中，在一三〇米水位時會露出湖面，一三二米水位時，基本會被湖水淹沒。湖心島呈條狀，略有彎曲。小島上常被植物覆蓋，遠遠望去，一片幽綠，景色迷人。島上的植物通常為蒲草、蘆葦及雜草等。

引松河

　　引松河自一九七六年九月五日開工，至一九八四年八月二十三日竣工，前後歷時八年。它將松花江水引入查干湖，是前郭縣有史以來最大的水利工程。引松河起始於松花江左岸吉拉吐鄉錫伯屯東南側，在前郭縣境內自渠首呈緩「之」字形向西北延伸，經吉拉吐鄉、紅旗農場、白依拉嘎鄉、達里巴鄉、長山鎮、查干湖鎮，全長53.85公里。整個工程總占地面積1077公頃，工程總土方量1266萬立方米。在引松河1050米處設渠首防洪引閘門。首端渠底高程為132米，末端渠底高程為128.10米，渠底寬50

▲ 引松廣場

米。首端最高水位134.5米，通過最大流量為90.6立方米每秒。每年可引5.27億立方米松花江水源源不斷地注入查干湖。如今「草原運河」——引松河已經成為自治縣的黃金水道。引松河兩岸的風光秀麗，遊人可乘船遊覽，也可信步行走在高高的堤岸上，盡情享受大自然之美。

查干淖爾大草原

查干淖爾大草原位於查干湖鎮，緊鄰查干湖，面積約為五百公頃，主要草種有鹼草、羊草、小蘆葦及鹼蓬等，一般草高三十至六十釐米。如果說查干湖是鑲嵌在綠野平疇上的一顆晶瑩璀璨的寶石，那麼讓這顆寶石更加光彩奪目的就是這查干淖爾大草原。得益於查干湖水的滋養，花木豐茂，水草肥美，人畜興旺，自古就有大地綠毯、人間天堂的美譽。千百年來和查干湖一同構築了大湖濕地與莽莽草原的獨特景觀。

近年來，由於保護較好、恢復較快，查干淖爾大草原重現了草原應有的遼闊壯美。置身於草原那種天高雲淡、飛鳥低旋、草青花豔、牛羊湧動的風景中，大自然的清新會讓你靜下來，靜得只有呼吸和心跳；同時也會讓你動起來，張開雙臂想飛、想跳。查干淖爾大草原的美是多樣的，鬱鬱蔥蔥是一種充實絢麗之美，枯黃泛白是一種悲壯蒼涼之美。最美當屬那春風吹過，枯草下面湧動出了綠色，不經意間滿眼泛黃，彷彿呼之慾出的希望之美。而更多的時候，查干淖爾大草原與查干湖的交相輝映會讓你領略到一種震撼之美。

▲ 風吹草低見牛羊

▍龍坑

　　龍坑位於前郭爾羅斯蒙古族自治縣境內，從縣城驅車西南行二十二公里，便到了地肥水美的套浩太鄉。棄車向東漫步約一千米，一泓碧水映入眼簾，這裡就是龍坑，古稱別裡不泉。其景象之獨特，在地跨東北三省的松遼大平原上，實屬少見的一大奇觀。

　　據《金史·地理志》記載：「長春縣有達魯古河、鴨子河，有別裡不泉。」長春縣即今天前郭縣塔虎城古城。經考證，「別裡不泉」就是龍坑。「別裡不泉」係女真語的漢語音譯，意為「噴泉」。從這塊土地上發現的兩處遺址中，還殘留著契丹和女真族的文物。由此可知，這裡早已是東北先民休養生息的地方。

　　龍坑是一條長約二千五百米、寬約三百米、深達七十餘米的天然溝壑。套浩太鄉深居松遼平原腹地，此一方正是郭爾羅斯大草原的邊緣，大幅面的地表本來渾然嚴密，何來這一縱深的溝壑呢？更何況，在這一溝壑之內，還有一股神來之水，更是叫人難以琢磨。套浩太鄉以北二百里，以西三百里，以南三百里，都很難覓到泉溪的蹤影。只有距此向東南不足百里的第二松花江下游一帶，才分布著若干泉溪。但這些溪流，大者不足三步之涉，小者不過一瓢之取。況且，這些溪流往往是兼收並蓄，幾經匯聚，才形成一介微流。而龍坑湧瀉的泉溪，其徑流量則在每秒二立方米以上，又是在一坑之內陡然而成，這就更加不同凡響了。

　　凡是天然奇景，見絕之處往往不止一二。龍坑地處松遼平原低等海拔梯面上，是地地道道的外流區域，這一區域的絕大部分流泉，或匯入遼河水系南下渤海，或投諸松、嫩二江匯入黑龍江水系，經俄羅斯濱海地區流向北太平洋。然而龍坑泉卻獨開一境，堂堂然以內流河的形式在千里草原上出奇制勝。

　　龍坑泉先在溝壑之內形成一個數米深的小天池，然後轉而向東漫過天然堤

限，捨龍坑而去。溪流左右徘徊，彎曲十幾公里之後，在西北方向的一個低窪之處停了下來，逐漸形成一個數平方公里大小的淡水湖，並有蓮花浮出水面，遂稱作蓮花泡。馳名全國的蓮花泡水稻機械化示範農場，便設在這裡。熱銷於京津市場的綠色食品──蓮花泡大米，就是經過龍坑泉水浸泡滋潤而成的。

八〇年代初，前郭縣大型水利工程──引松人工河開通後，龍坑泉水轉而經運河注入查干湖。由於當地氣候條件以及第二松花江水位的限制，引松河只能季節性供水，只有龍坑是永不間斷地向查干湖提供水源。

大自然的鬼斧神工雕飾了龍坑的天然美。春夏之時，溝壑兩坡很有一番景色。名目繁多的花草樹木，諸如百合、金針、杜鵑、馬蘭、牽牛、山杏、山葡萄、山裡紅等等，爭芳鬥豔，萬紫千紅。隆冬時節，郭爾羅斯大草原便成了冰雪世界，龍坑泉水卻依然如故地日夜奔流；溝壑裡也是暖暖洋洋，於是便有鳥獸家族把這裡當成了天然的避寒之所。

龍坑堪稱草原上一顆明珠。令人鼓舞的是，開發龍坑旅遊資源已經提上日程。當地居民在這裡建起了養魚池，養起了極其名貴的虹鱒魚，又平地建起了二層小樓，坡面栽上了一排排挺拔的紅松、白楊、樟松，還有曲柳、紫槐、黃榆、黃玻璃。在龍坑東面，依次建起了桑園和果園。一排排桑樹、蘋果樹、李

▼ 龍坑溫泉

子樹、海棠樹、山植樹等等，布局合理，錯落有致，使得龍坑景觀有了一個良好的外部環境，在可期許的不遠時間內，龍坑很有希望一躍而馳名。

鴻鵠公園

　　鴻鵠公園，位於查干湖東南岸郭爾羅斯王府陳列館後面高地上，占地六公頃，也稱王府後花園，是查干湖旅遊區的重要景點之一。

　　鴻鵠公園的主體建築是鴻鵠樓。鴻鵠樓是由前郭縣政府組織建造的一座具有古代建築風格的樓塔式建築，二〇〇〇年八月竣工並投入使用。鴻鵠樓樓體地上高度為三十七點〇五米，為五層四角飛簷建築。建築面積一千二百平方米，樓內設有步行樓梯，樓梯最高點距地面三十三米，登樓遠眺，查干湖秀美風光盡收眼底。

　　「鴻鵠樓」是由時任前郭縣人民政府縣長阿汝汗釋義並定名的。阿汝汗在他的《「鴻鵠樓」釋義》一文中說，之所以創意建造鴻鵠樓，目的有三：一是表示崇敬一代天驕成吉思汗的鴻鵠大志；二是為了固本扶正、吉祥祈福；三是創造建設查干湖旅遊景觀，豐富郭爾羅斯草原文化內涵。

　　吉林省長白山詩社秘書長翟志國先生暢遊查干湖，登鴻鵠樓遠望時曾賦詩言情：「登眺臨空倦眼舒，晴波映日蕩銀珠。當年鑿引松江水，蓄得關東第一

▼ 鴻鵠樓

湖。」

　　鴻鵠公園各項工程，從二〇〇一年「五‧一」相繼開工，於國慶節前陸續竣工。自此，鴻鵠公園以全新的容顏展示於遊人面前。冬日，百里湖區，茫茫雪野，銀妝素裹，此時置身於鴻鵠樓放眼望去，逶迤奔流東去的松花江猶如騰飛的銀龍，綿延起伏的湖畔丘陵恰似揚蹄奔跑的蠟像，正所謂「山舞銀蛇、原馳蠟像」。千里冰封的查干湖更像一塊碩大的碧玉鑲嵌在無瑕的雪原。查干湖之冬，全然沒有古人「獨釣寒江」的蒼涼與冷寂，取而代之的是百里湖面火爆壯觀的冬網捕魚的獨特景觀。春夏之際，如茵的綠草懷抱中的漠漠大湖波平如鏡，煙波浩渺，更添流雲鶴影，百鳥歡歌，置身鴻鵠樓憑欄遠眺或把酒臨風，心爽神清，蕩氣迴腸。鴻鵠樓建成後，查干湖一帶一直風調雨順，興旺發達，每年都能迎來無數的遊客觀光遊玩，盛況無限。

　　鴻鵠公園除主體建築鴻鵠樓外，還有四座蒙古族古今名人雕像和四個具有紀念意義、精巧別緻的涼亭。雕像有成吉思汗雕像、陶克陶胡雕像、蘇瑪雕像和蒙古騎兵團群體雕像；涼亭有阿蘭聖母亭、天驕祭湖亭、天緣亭、捺缽亭。

成吉思汗雕像

　　成吉思汗，名鐵木真，蒙古族民族英雄，生於一一六二年，卒於一二二七年，一二〇六年即大汗位。畢生戎馬，用兵四方，征戰萬里，馬踏西邦，使蒙古族立於民族之林，為建立元朝打下堅實的軍事基礎與疆域基礎。

▲ 成吉思汗雕像

陶克陶胡雕像

陶克陶胡，蒙古族民族英雄，生於一八六三年，卒於一九二二年，郭前旗塔虎城三家子屯毫克台吉。一九〇六年，為抗墾起義，殺鬼子、抗清軍經歷一〇四次戰鬥，震驚中外，是辛亥革命前反清鬥爭的一部分。

蘇瑪雕像

蘇瑪，著名蒙古族四絃琴演奏家，生於一九一四年，卒於一九七〇年，郭前旗塔虎城兩家子人。一九五六年，隨中國文化藝術代表團赴波蘭、匈牙利、羅馬尼亞、保加利亞等國演出後，到捷克參加第十一屆「布拉格之春」國際音樂節，演奏的樂曲被稱為「馬背音樂」和「蒙地神曲」。

▲ 蘇瑪雕像

蒙古騎兵團群雕

一九四五年九月到東北解放期間，在郭前旗及松嫩平原上活躍著一支名揚北疆、威震敵膽的常勝鐵騎部隊。他們英勇善戰，在中國人民解放事業中發揮了重要作用。一九五〇年，蒙古騎兵團奉中央軍委之命開赴北京。十月一日，在天安門廣場舉行的國慶一週年閱兵式上，以嚴整的軍容列隊武裝通過

▲ 蒙古騎兵團群雕

天安門廣場，受到毛主席、朱德等黨和國家領導人的檢閱。

阿蘭聖母亭

阿蘭豁阿，蒙古始祖孛兒帖赤那第十二世孫、成吉思汗的第十一世先祖朵奔篾兒干之妻，她是締造蒙古、尼倫氏族、孛兒只斤家族的聖母。據《史集》

等史書記載，她出自豁羅剌思部落（即郭爾羅斯）。阿闌聖母亭，是前郭爾羅斯人民為紀念這位聖母而建造的。

天驕祭湖亭

一代天驕成吉思汗，在統一蒙古的過程中，率軍路過郭爾羅斯時，在茫茫草原上發現煙波浩渺、天水一色的大水泊，深為此地水草豐美、鳥飛魚躍的景象而震撼。蒙古族自古便有祭祀草木山川的習俗，於是成吉思汗號令全軍將士以九十九隻羊、九十九頭牛等供品祭祀大水泊——查干湖。天驕祭湖亭，乃為一代天驕足跡留於此而建。

天緣亭

傳說，布木布泰（孝莊文皇后）隨父親寨桑到查干湖岸邊祭祖，回行之時，布木布泰忽然發現一隻野兔奔跑於鮮花綠草中，便打馬前追，日落草深，布木布泰姑娘迷失了方向。就在心急如火之時，有一隻鴻鵠神鳥引領她走出草深地帶，巧遇皇太極，為讚頌這一千古姻緣，特修此亭以示紀念。

捺缽亭

捺缽，契丹語，為「巡幸」之意。據史書記載，遼代自聖宗皇帝至天祚皇帝，每年春天將至之時，都要攜皇族、百官遠涉千里，到查干湖進行圍獵，在塔虎城行宮內舉行「頭鵝宴」「頭魚宴」，款待文武百官和各部落酋長及宋朝使臣，春盡乃歸。為紀念天祚帝來此，特修建捺缽亭以示紀念。

成吉思汗召

　　成吉思汗召，即紀念成吉思汗館。成吉思汗，即元太祖鐵木真，蒙古開國大汗，是中國歷史上一位傑出的政治家和軍事家。他戎馬生涯近五十年，施展雄才大略，依靠一批能征善戰的將領和謀士，利用騎兵優勢，創造了震撼世界的業績。十二世紀末十三世紀初，他率領大軍統一蒙古高原，建立了強大的帝國，其軍事思想和指揮藝術，在世界軍事史上都有重要意義。

　　為紀念這位叱吒風雲、顯赫一世的蒙古族英雄，發展壯大自治縣旅遊文化產業，為查干湖旅遊構築一道獨特、亮麗的自然與人文風景，向遊人展示歷史偉人的足跡，傳承和弘揚蒙古民族燦爛的歷史文化，前郭縣投資建設了成吉思

▼ 成吉思汗全景

汗召。

　　成吉思汗召坐落於妙因寺後山岡的公路北側，二〇〇四年五月九日奠基興建，占地十三萬平方米，建築面積二千多平方米，是目前繼內蒙古鄂爾多斯市成吉思汗陵、烏蘭浩特市成吉思汗廟之後的中國第三座紀念成吉思汗的場館。它設計新穎，構思巧妙，集蒙、藏、漢藝術於一體。主體建築由三個互相連通的蒙古包式的大殿構成，中間正殿是紀念堂，東、西兩殿為陳列室，兩邊過廳為繪畫長廊。展廳面積為八百平方米，以成吉思汗黃金家族歷史為主線，分主殿和東、西側殿三部分，運用實物、雕塑、繪畫、圖片、文字等多種表現形式，詳細記錄和反映了一代天驕成吉思汗從少年英雄的成長、統一蒙古各部，到統一全中國、橫掃歐亞大陸等戎馬生涯的豐功偉業。大殿正中央陳列的是成吉思汗漢白玉雕塑座像，兩側站立著他的同胞兄弟哈布圖・哈薩爾和別裡古台，以及衝鋒陷陣的八員戰將木華黎、孛斡爾出、赤剌溫、博爾忽、者別、者勒蔑、忽必來、速別額台等剽悍的形象。這些雕塑造型雄偉、結構準確、形象生動、個性鮮明、栩栩如生。同時，陳列在展台上的還有成吉思汗當年用過的馬鞍、馬蹬、馬鞭、戰刀，東征西戰穿過的戰袍、鎧甲以及指揮作戰的蘇勒德。在四周牆壁上，彩繪有成吉思汗統一蒙古各部落、征金國、滅西夏、統一

▼ 聖母阿蘭豁阿雕像

中原，橫掃歐亞大陸等各重要歷史事件和戰績。殿外還建有阿蘭豁阿雕像、成吉思汗雕像、蒼狼和白鹿圖騰以及蘇魯錠祭壇。整座大殿氣勢雄偉、古樸典雅，但又不失蒙古族凝重、淳厚的民族風格，是查干湖旅遊區又一重要人文景觀。

　　成吉思汗召主體建築分為兩層，一樓為郭爾羅斯博物館，二樓為成吉思汗召。郭爾羅斯博物館採用模型、景廂、沙盤、雕塑、圖片、實物等形式，全景展示了郭爾羅斯經濟社會發展、寶貴的文化遺產、獨特的民族風俗、豐富的自然資源。博物館展出藏品約一五〇〇餘件，珍貴展品六十餘件。展廳分為歷史文物、民族民俗文物、自然資源三個部分。

歷史文物展廳

　　前郭縣地處松嫩平原，松花江和嫩江是郭爾羅斯的母親河，歷史悠久，自然資源豐富，廣袤的大草原是各族先民們賴以生存、棲息繁育之地。早在一萬多年前的舊石器時代晚期，查干湖畔的「青山頭人」就在這裡生活，他們使用原始的石製工具，過著以集體獵取野獸、採集野果為主要生活方式的原始生活，在同大自然的鬥爭中，創造著郭

▲ 生活用具

爾羅斯的原始人類文明。本展廳展出的是青山頭部分出土石器和古生物化石。古生物化石比較豐富，有披毛犀、猛獁象、野牛、野馬、馬鹿等等，它們是更新世晚期的動物群，伴隨著舊石器時代的古人類一同生活在古老的郭爾羅斯草原。

　　社會發展到新石器時代和青銅器時代，郭爾羅斯先民們以部落氏族為單位，居住著向陽近水的半地穴式房屋，使用磨製的石器和骨器，手工製作粗糙的陶器，以集體狩獵、捕捉魚蝦、採集植物種籽為主要生產方式。展廳展出了浩特芒哈、西太平、長發等遺址出土的磨製石器、細石器、陶器和紅石砬子、波拉戶、二莫後山等遺址出土的「紅衣陶」等陶器。其中石斧、陶豆、陶鼎、陶鬲等，都具有鮮明的民族地方特色，與嫩江流域的「昂昂溪文化」「漢書文化」以及松花江流域的「白金寶文化」都有著密不可分的文化淵源。

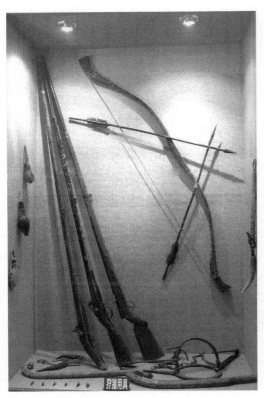

▲ 狩獵工具

　　從漢唐開始，郭爾羅斯進入奴隸制社會，並向封建社會邁進。粟末靺鞨人和契丹人是生活在這裡的主要民族。進入宋、遼、金時期，郭爾羅斯地處契丹人和女真人的腹地，迅速封建化，社會也進入了歷史上發展的繁榮時期。在前郭，共發現遼金時期古遺址、古城址、古墓葬等八十多處，其中最著名的就是塔虎城遺址，屬於全國重點文物保護單位。在博物館裡，陳列著塔

虎城的復原古城模型和豐富的出土文物，其中最具特色的是「遼三彩」龍紋水注、瓢形水注、雞腿瓶、長頸瓶和宋代五大名窯中定窯、鈞窯及龍泉窯、磁州窯生產的醬釉魚藻匜、白釉魚紋提梁壺及盤、碗之類器物及金代的白釉鐵花碗、黑釉碗、陶壺、陶罐、陶魂瓶、瓷甕等。銅器以銅鏡為最多，有雙魚鏡、雙龍鏡、童子戲花鏡、海獸葡萄鏡、航海銘文鏡、湖州鏡、素面鏡、帶柄鏡等。這些銅鏡大多數在鏡緣上帶有邊款押記。另外，還有六耳銅鍋、銅釜、銅缽、銅人、銅錢等文物。展出的鐵器有刀、矛、箭頭、鏵、鐮、鎬、權、鎖等。建築件有板瓦、筒瓦、瓦當、螭首、磚、滴水等。石器中有石磨、石臼、石杵、石夯等。其他還有生活中的骨梳、頭簪、骨刷、瓷佛、瓷狗、圍棋子、色子、耳飾等小件物品。這些展品充分反映了遼金時期契丹、女真族人們的生產、生活及經濟文化狀況。

自元以後，郭爾羅斯就是蒙古族游牧聚居的地方，是蒙古大汗成吉思汗的仲弟哈布圖・哈薩爾及其後裔的領地。到明代萬曆年間，其孫奎蒙克塔斯哈喇及其長子博弟達喇游牧於嫩科爾沁，將郭爾羅斯交由烏巴什統轄。到清代順治年間，郭爾羅斯分成前後二旗，固穆受封為扎薩克輔國公，世掌前旗。十一世傳至郭爾羅斯前旗末代旗王齊默特色木丕勒。在博物館展廳中，大量的圖片、圖表、實物詳細地講述了這段歷史，尤其是清初滿蒙聯姻的實物例證——追封忠親王暨忠親王賢妃碑，即吉林省重點文物保護單位滿蒙文碑和郭爾羅斯前旗最後的封建王公統治中心——王爺府的縮微模型，占據了展廳的主要位置，觀眾可以一睹當年的風采。

在近現代革命鬥爭中，前郭爾羅斯蒙古族青年也和其他兄弟民族一樣，投身於火熱的反帝反封建鬥爭中，大同會和蒙古騎兵團以及眾多革命烈士為了人民的解放事業立下了不朽功勳，眾多的革命文物也真實地反映了這段歷史。

民族民俗文物展廳

前郭縣是以蒙古族為主體民族的縣份。從十三世紀開始，蒙古族就生活在

▲ 宗教用品

這片土地上，留下了豐富的蒙古族民族民俗文物。博物館裡收藏有民族民俗文物一千二百多件，其中珍品占有相當比例。展出的文物中，從生產用具到生活用品，從服飾、飾品到宗教器物，凡衣、食、住、行都具有鮮明的蒙古族特徵。大型器物如蒙古包、勒勒車，狩獵活動中常用的弓箭、槍枝、藥囊、布魯，馬上用具如各種各樣的馬鞍、馬蹬、馬絆等，盛裝奶製品用的各式奶桶、奶壺、奶勺、奶茶具，其中材質為木質、竹質、銅質、銀質等，造型美觀，精巧耐用。草原上生活的人們離不開肉、酒、茶，所以生活中身邊也離不開蒙古刀、火鐮、火石、酒具、煙具、茶具等。展出的蒙古刀多種多樣，刀鞘和把柄上鑲嵌有金、銀、寶石、珊瑚、瑪瑙等，還佩帶著銀筷子和火鐮，這些也是草原上蒙古男人的時尚配件。各種質料的鼻煙壺，體現了蒙古族高超的文化藝術，如水晶、瑪瑙、翡翠等名貴質料上飾以精美的內畫、雕刻、彩繪，充分體現了蒙古族勞動人民的聰明才智。蒙古族服飾具有獨特的個性，鮮豔的蒙古袍上鑲繡著各種各樣的花紋。美觀大方的蒙古靴更具有實用性。女性漂亮的頭飾堪稱世界一絕，上面鑲嵌著珍珠、珊瑚珠、瑪瑙珠、綠松石珠、銀飾等貴重美觀的裝飾品，這是蒙古族姑娘的最愛。豐富的草原生活留下了人們文化娛樂、體育競技的痕跡，如世人所知的馬頭琴、四絃琴、火不思等民族樂器，還有別具一格的摔跤服、蒙古象棋等，都是博物館陳列的重要展品。

　　蒙古族從十三世紀起就信奉藏傳佛教這種信仰一直延續到今天。前郭爾羅

斯歷史上的六座喇嘛廟，給今天留下了豐富的宗教文物，如各種佛像、法器等。博物館展出的佛像以銅質為最多，有釋迦牟尼佛、阿彌陀佛、藥師佛、長壽佛、寶月佛、彌勒佛，還有觀世音菩薩、文殊菩薩、大勢至菩薩、金剛手菩薩、白度母、綠度母、宗喀巴大師等，以及各種護法神金剛像。這些佛像造型生動，鑄造精美，神態慈祥，有很多佛像還鎦以黃金，光燦燦栩栩如生。法器是僧人們在唸經、法會、開光及各種佛事活動中常用的宗教器物，在展出的法器中，有銅鈴杵、脛骨法號、手香爐、手鼓、沐浴瓶、瑪尼筒、金剛杵鉞、磬、螺號等。這些法器製作工藝精良，上面鐫以各種佛教紋飾，是佛教信徒們的崇拜之物。

博物館展出的民族民俗文物，是蒙古族歷史生活的縮影，也是郭爾羅斯草原文化的結晶，它同其他文物一樣，是中華民族燦爛文化不可分割的組成部分。

▼ 查干湖魚標本

自然資源展廳

自然資源展廳主要陳列的是查干湖自然保護區的水產和鳥類資源標本。

在自然資源展廳，展出魚類標本八十多種，其中乾肢標本五十多種，濕肢標本三十多種，分別陳列在景箱和標本瓶內。在景箱中，根據各種魚類的食性和習性不同，所處的水層也不同。這些標本被分作上、中、下三層空間陳列。

陳列在景箱之中的鳥類標本都屬濕地鳥類。本廳展出的有丹頂鶴、大天鵝、中華秋沙鴨等，是中國一級保護鳥類。灰鶴、禿鷲、雀鷹等是國家二級保護鳥類。除此之外，在這裡還可以欣賞到江鷗、灰鷗、毛腳鷹、草鷺鷥、蒼鷺、花臉鴨、赤頸鴨、赤膀鴨、綠翅鴨、黑水雞、鳳尾沙雉等。它們有的在空中飛翔，有的在枝頭休憩，有的在巢穴中孵卵，有的帶著小雛在水邊覓食，也有的在水中嬉戲。這些標本製作非常細膩，活靈活現，色澤鮮豔，羽毛光亮，宛如活體一般，具有很強的觀賞性和知識性。

郭爾羅斯博物館自開館以來，已接待大量來自省內外的遊客，成為旅遊區內重要的景觀，成為向人們傳播知識、陶冶情操，進行鄉土教育和革命傳統教育、歷史唯物主義教育的重要課堂。

作為紀念性的場館，成吉思汗召集知識性、藝術性和觀賞性於一體，民族風情風貌突出，對於弘揚民族歷史，光大民族精神必將產生深遠的歷史意義。

蒙古族民俗村

　　如果說查干湖是鑲嵌在美麗的郭爾羅斯草原上的明珠，那麼，坐落在查干湖畔的蒙古族民俗村就是一顆光彩奪目的翡翠。

　　來到引松閘門，穿過橋頭，沿著油路走一百米向右一拐，便是民俗村大門。兩扇黑漆鐵藝大門敞開著，大門兩側有巨型彩色橫幅，門衛室是一座潔白的蒙古包，包頂繪有藍天白雲圖案，大門左側環形牆上用蒙漢兩種文字寫著「郭爾羅斯蒙古族民俗村」。從大門向前望去，不到一百米處的蒼松翠柏中矗立著鐵木真塑像。

　　從大門通往鐵木真塑像的甬道是水磨板塊鋪成的。右側綠草如茵的草坪上，在花卉和翠柏簇擁中聳立著一棟歐式樓房，這便是裝潢豪華、現代設備齊全的民俗村賓館。在左側寬闊的草坪中，散落著大中型豪華蒙古包群，在「天蒼蒼，野茫茫，風吹草低見牛羊」的映襯下，顯得氣勢宏偉，富麗堂皇，把蒙古族古老文明與現代氣氛融為一體，向遊人展示著一個馬背民族的游牧文化以及濃郁的民族風情。民俗村對面是浩如煙海的查干湖，岸邊是游泳池和金色沙

▼ 蒙古包群

灘。

　　蒙古包裡清風習習，涼爽透體。這是用鋼筋水泥結構建築的，風格和造型既有蒙古氈包古樸典雅的獨特風韻，又有現代氣派，體現著傳統和現代、技術和藝術的高度統一。室內寬敞明亮，裝潢考究，陳設豪華，民族風格濃郁。最大的蒙古包可容納一百多人餐飲娛樂。當賓客沿著彩色包壁，在精緻的餐桌邊圍坐，藝人拉起了悠揚的馬頭琴，歌手唱起了悅耳的草原長調，民俗村酒宴開始了。身著民族服裝的服務員手托盤子穿梭於廚房和餐桌間。第一道菜是奶製品：黃油、奶皮、奶酪、奶果子、奶茶、炒米。第二道菜是「烤全羊」，只見四位妙齡少女，身著彩服，抬著用碩大木盤盛著的奇香撲鼻的「烤全羊」，沿各桌走一圈後，請桌上的長者或領導剪綵。剪綵者解開羊脖子上的紅綢帶，手持蒙古刀，將羊耳割下，放進羊口裡。然後緩緩抬進廚房，廚師快速切割，用小盤盛好送到各桌，並上好各種佐料。接著是「手扒肉」「生羊肝」「蕎麵湯」等。主食有蒙古餡餅、蕎麵圪團兒、郭爾羅斯餅等。

　　酒席間有民族歌舞伴餐。在悠揚的馬頭琴聲中，歌手們唱起撩人心弦的草原歌曲，俊朗的小夥子似駿馬奔騰，跳出了馬背民族的豪情；漂亮的姑娘輕柔舞姿如畫舒捲，展現了草原兒女博大情懷。一曲終了，一群身著鮮豔蒙古族服

裝的男女歌手，手捧哈達，托著銀杯，唱著祝酒歌，不斷到席前敬酒，歌聲高亢悠揚，美妙動聽，令人難忘。

明珠公園

　　明珠公園位於長山鎮境內長山熱電廠東側，這裡風光怡人，景色秀美。公園內設置了十六個功能區，整個公園既富現代文明氣息，又具蘇州園林的典雅特色。

　　走進明珠園正門，首先映入眼簾的是鑲嵌在黃色大理石上的一幅「遼金故地碧水樓台迎賓客；塞外平原湖光山色勝江南」的對聯。進入正門，佇立於希望之星主題廣場，便會將整個明珠園的景色盡收眼底。廣場周圍鮮花環繞，綠草如茵。夜幕降臨，草坪燈、路燈柔光灑落，遊人在路椅上小憩，在湖岸邊、草坪旁細語，置身於大自然的環抱中，舒適愜意、其樂無窮。

　　公園東有清代滿蒙文碑，西有遊船娛樂區，南有蘇州園林區，北有卡丁車

▼ 明珠湖霧淞

和釣魚台，中間環繞的是人工湖。湖面上八仙過海的塑像惟妙惟肖，一座吊橋將小瀑布與其巧妙相連，把北方園林的粗獷氣派和南方園林的精細纖巧融合在一起，工、巧、奇、趣，變化無窮，又將園林藝術與文學藝術融為一體，整個園林建築滲透出深邃的意境。

▲ 明珠園冬景

進入公園，遊蘇州園林區，連接吊橋的是煙波和堆雪兩座亭台。在這裡，小瀑布中飛瀉的水花從台階上翻捲堆雪而下，奔入湖中，給人留下賞心悅目、心曠神怡的感覺。春夏之季，由於水溫與天氣的差異，湖面上煙波四起，遊人行走在吊橋上，有浮光掠影之感，如入仙境，漫步在虛無縹緲之間。冬季，隨著氣溫和風向的變化，由小瀑布向外形成霧淞，精美絕倫，變幻無窮，可謂景區一絕。

踱過吊橋，首先映入眼簾的是邀月亭，李白在《月下獨酌》中曾寫過這樣的詩句：「花間一壺酒，獨酌無相親。舉杯邀明月，對影成三人。」每當月圓之時在邀月亭把酒賞月，寓意無窮。仿蘇州園林建造的曲院風荷，既有園林之美，又有山水之勝。

來到臥虹亭上，不但能眺望到庫裡村全貌和滿蒙文石碑原址，還可看到片片茂盛的蘆葦。登上聽濤閣，會讓人感受浪濤拍岸、樹影風動、碧空千里的融融風情。閉上眼睛靜聽，彷彿聽到了悠揚的民歌。聞及知音亭，便更覺得美，這裡不僅僅是知音所在，也是情侶的好去處。古人云：「思想相結者，謂之知己；腹心相照者，謂之知心；聲氣相求者，謂之知音。」

二○○三年，前郭縣在明珠園的人工島上重建了清孝莊祖陵陳列館。此陳列館面湖而居，在上下天光、雲蒸霞蔚中顯得格外莊嚴肅穆。全館占地三千平方米，周圍以粉牆黛瓦環之，為中國傳統式四合院。正門「孝莊祖陵陳列館」七個字由中國書法家協會主席舒同先生所書，純金貼裝。字跡風神兼備，古樸

大方。兩側是黑底綠字的楹聯，由著名蒙古族作家蘇赫巴魯撰文，上聯為：七星福照一代國母教子育孫成大業；下聯為：八方靈秀三江匯流尊父奉祖建陵園。正門左右矗有兩尊頸纏紅綢的石獅，雕刻精美，栩栩如生，昂首面湖，氣勢非凡。

　　走進院中，迎面是聞名遐邇的省級重點保護文物——「追封忠親王暨忠親王賢妃碑」。此碑是清順治帝為其外祖父、外祖母科爾沁蒙古部落首領寨桑夫婦（孝莊文皇后的父母）所立，也是清皇室與科爾沁蒙古部聯姻的歷史見證。石碑由碑額、碑身、碑座三部分組成，呈板狀長方體。石碑通高五點八二米，造型古樸，紋飾嚴謹，圖案精美，布局緊湊，很有藝術特色。碑面上，並排刻有十五豎行共三八三個蒙滿兩種文字，刀法純熟，字體遒勁，記敘著「婚姻帝室百年久，屏幹中華萬里長」之永存後世，仁親薦恩的滿蒙聯姻及親親之道。通體石碑由一完整巨石精雕成的石龜支撐，距今已有三四八年，觀之令人在思

▼ 滿蒙文石碑碑亭

古之幽情中不乏歷史的滄桑感⋯⋯

　　陳列館的三個展廳為白牆紅柱長簷，以單面迴廊相連，襯以碑亭和地面上的綠茵，令人在仰視之餘，格外神清目爽，浮想聯翩。走進正殿，迎面是蒙古女傑布木布泰（孝莊文皇后）玻璃鋼仿漢白玉側身坐像，高貴典雅，風姿綽約，通體潔白幾近透明。在布木布泰目視著的牆壁上，用中國傳統的瀝粉貼金工藝，以十六米長、三米高的壁畫形式，再現其從出生、成長、出嫁到參政的全過程。同時在其坐像西側，又以各自獨立的兩個微縮景觀，逼真地再現少年時代的故園，以及寓居於宮中的房舍原貌，彷彿讓人在幽幽的歷史長廊中又走了一遭。陳列館東展廳是有關孝莊文皇后祖陵的神奇傳說；西展廳是有關孝莊文皇后祖父輩的歷史演義。在這樣一座涵蓋了歷史教育、園林景觀、現代遊藝、荷花觀賞、遊船垂釣等眾多文化內涵的場所度過美好歡樂的時刻，一定會使你終生難忘，回味無窮。

郭爾羅斯王爺府

　　郭爾羅斯前旗王府是郭爾羅斯前旗末代旗王齊默特色木丕勒執政時期所建，坐落於前郭縣哈拉毛都鎮，素稱「世外桃源」「朔北花園」。一九四六年「土改」時被毀。現王府的兩個側府──「七大爺府」和「祥大爺府」依然存在，仍是雕梁畫棟，古色古香，令人讚歎！為搶救歷史文物，弘揚民族文化，二〇〇六年前郭縣委、縣政府聘請專家嚴格考證，按原王府的建築布局，在美麗的查干湖畔，易地重建了新的王府。

　　新建的王府是一座大型仿清代的古建築群，占地20000多平方米，建築面積5213平方米，連同前廣場、後花園總占地面積40000多平方米。整個王府布局嚴謹，氣勢恢宏，以四合院為單元，六進六出，呈現出博大精深、豪華壯麗的塞北名府特色，為蒙古地區少有的宮殿式府宅。東西兩區為商貿區，中部是主展區，是集旅遊觀光、歷史展覽、民俗探源、人文開發、餐飲娛樂、商貿洽談、休閒度假於一體的理想之地。

▼ 王爺府

新王府的內裝布展基本按原王府結構樣式進行實施。通過實物、繪畫、圖片文字、家具造型、雕塑彩繪、室內裝飾，家庭佈置及運用聲光電等現代化表現手法，力求再現當年歷史原貌。同時，府內新設了歷史、民俗、宗教和馬頭琴四個展館，詳細地再現了郭爾羅斯的歷史源流、民俗風情、宗教信仰和輝煌燦爛的民族文化，給人們留下了美好的印象。

府內建築主要有傳事室、武裝梅林、管旗章京、回事處、印務處、營物處等事務部門，用來接待來賓及來府議事官員、處理政務等，是重要的政治活動場所。其他建築還有王府民俗展廳、王府歷史展廳、民族宗教用品展廳。其中，王府民俗展廳還設有馬頭琴陳列館，設有哈薩爾展廳和烏巴什展廳。

成吉思汗文化園

　　成吉思汗文化園（以下簡稱成園）是自治縣建設郭爾羅斯新城的開篇序曲，歷時十九個月建成。園區占地面積六十六點六公頃，建成區四十二萬平方米。其中綠化面積二十三點九萬平方米，濕地占地面積九點九萬平方米，廣場甬道、環路、橋梁占地八點二萬平方米。另外有廣場十七個，橋梁十五座，泰山風景石十九塊，景區路燈近五百盞，雕塑九組。

　　成吉思汗文化園形似鑰匙狀，也似一個寶瓶形，取其為幸福平安，開啟幸福未來美好明天之意。成園是一處蒙元歷史文化和蒙古族藝術集中展現的特色景區，它氣勢恢弘，通透疏朗，生態自然，民族風情濃厚，它將蒙古民族的歷史文化通過雕塑、碑刻等建築形式淋漓盡致地還原展現，充滿了草原民族豪邁粗獷，豁達奔放的生態韻味。

　　規劃設計近一年時間，由自治縣黨代會、人代會通過，省發改委批准，於二〇一二年三月六日全面開工建設。乃掘地成湖，壘土成山，移長白樹木，是役於杏月破土，仲夏告竣，用工十萬餘人，土石百萬方，植樹三千餘棵，施工

▼ 成吉思汗文化園全景

場面如海如潮，短短數月奇蹟般地建成了成吉思汗文化園，可謂天道佑護，盛世奇觀。聖祖像高高聳立在聖山之巔，黑白蘇勒德巍然立於山腳下台階兩側，樹成蔭，山披綠，湖水泛漣漪；魚波舞，鳥婉啼，花間彩蝶嬉；橋橫架，聖像立，神工也稱奇；成園美，麗景集，遊人不忍離。

　　成園已經作為前郭爾羅斯祭奠成吉思汗的重要聖地，成為全國規模最大的成吉思汗文化主題公園，也將日漸成為全世界蒙古族的朝聖地。

　　成園目前建成的景點有九個，它們充分體現了郭爾羅斯文化的精髓和成吉思汗的精神。

泰山石

　　又名「成吉思汗石」。該石高三點六九米，重達二三九噸，正面有「Ｖ」字紋絡，象徵勝利、成功，所以又稱「成功之石」，簡稱「成石」。它是中國北方目前最大的「飛來之石」，從太古代開始就孕藏在「五嶽之首」的泰山，經過三十八億年的修練後，帶著「五嶽獨尊」的神山靈氣，渡黃河、越長城、跨陰山、過草原，行經千山萬水，途中沐風櫛雨，最終來到了美麗的郭爾羅斯。石正面隱現著「狼頭」「鹿首」「躍馬」「雄鷹」「玉兔」「馬頭琴」以及松嫩兩江、吉祥哈達等元素，都是蒙古民族喜愛的圖騰或圖案。

▼　成石廣場

成吉思汗湖

　　成園中大湖取名為「成吉思汗湖」，湖水與松花江水相通，煙波浩渺、波光粼粼，沿湖生長著茂盛的蘆葦、荷花蒲草、睡蓮，這些水生植物隨著成園的建設自然生長，同湖中的紅色錦鯉、鴛鴦、大雁、水鳥一同繪成了成園的生態美景，構成了松嫩平原「生物天堂」的縮影。

銘石

　　園名石刻，採用蒙漢文字對應，分別由左、右向中間順筆，寓意前郭爾羅斯蒙漢民族團結一心。而且漢文書法既有簡化字「成吉思汗文化」，又有繁體的「園」字收筆，可謂古今結合，相得益彰。更為獨特的是名章、閒章的精品點綴，右上方是一枚「族源傳說」閒章，內容是陰刻的「蒼狼白鹿」，遠觀如紅日當空，象徵著自治縣百業俱興，如日中天。蒙漢文字中間的橢圓形閒章刻有金文大篆的「吉祥安康」四字，視為縣委、縣政府祈福人民、造福一方的拳拳之心。這塊名石的背面刻有「建園賦」，描寫了全縣上下秉承聖祖雄基，戮力同心建設成園的驚世之舉。

左邊名石的正面是由著名的蒙古族作家蘇赫巴魯老先生撰寫的「成吉思汗賦」，其內容以蒙古秘史為藍本，淋漓盡致地詮釋了成吉思汗的豐功偉業和超凡一生。名石背面是「郭爾羅斯賦」，敘寫了前郭爾羅斯的悠久歷史、燦爛文化、民族團結、經濟發達、安定祥和的盛世景象。

▲ 銘石

吉祥橋

湖中的第三座橋被稱為「吉祥橋」，登上吉祥橋寓意吉祥安康之意。橋下是百姓祈福的放生池，即佛書《大智度論》所記「諸餘罪中，殺業最重，諸功德中，放生第一」，體現佛教「慈悲為懷，體念眾生」的胸懷，象徵著「吉祥雲集，萬德莊嚴」的深刻含義。遠處，湖邊淺灘上散落的原石極其神祕，都是二〇一二年六月九日晚九時伴著狂風、閃電從天而降，原石成雨卻無半點水滴，據說有人在原石上尋到佛祖畫像，自此順風順水，好運連連。

九曲河

蒙古語為賽罕河，蒙古語漢譯為「美麗的河」，也叫「九曲河」。這段九曲河形如哈達，是目前中國人工複製的最長、最美、最神奇的原生態草原河。在九曲河的挖掘過程中，全長一七三〇米的河段曾湧出了大小八眼泉水，寓意聖祖少年時期「失而復得」的那八匹駿馬化作聖泉來到郭爾羅斯，陪伴著草原兒女。正是這八匹駿馬故事的廣為流傳，才有了徐悲鴻大師筆下名滿天下的

▲ 俯瞰九曲河

「八駿圖」。因此，我們這裡開始流傳「天賜原石、地獻聖水」的神奇故事。

如意廣場

如意廣場又稱祭祀廣場，形似如意，它與上山台階，聖祖廣場組成一個完整的金如意形狀。寓意在於祭拜聖祖，許願如意、萬事吉祥、世代安康。廣場中間為祭祀台，台上放著三尊由整塊花崗石塑刻鑲嵌銅浮雕的香爐，自香爐啟用至今，香火不斷，祭祀上香之人不絕，體現了對聖祖的崇拜和敬仰。

蘇勒德

青銅雕塑，高二十二米、直徑一點九米。蒙古語稱為「蘇勒德」，漢譯為「纛（dào）」。是成吉思汗統率的蒙古軍隊的戰旗，蒙古民族的守護神。兩支蘇勒德高度之和為四十四米，代表聖主在四十四歲統一了蒙古建立了蒙古帝國，稱成吉思汗。將這兩座雕塑立於聖像腳下，是為了體現成吉思汗在歷史上所留下的顯赫成就，並藉以代表後人對於偉大聖祖的敬仰和緬懷。右側樹立的是黑纛，蒙古語稱為「哈日蘇勒德」，圖騰柱上刻有火紋、龍形和「威武神勇」錢幣圖案，象徵著戰無不勝，被譽為「威武戰神」。左側為白纛，蒙古語稱為「查干蘇勒德」，圖騰柱上刻有水紋、鳳形和「吉祥平安」錢幣圖案。寓意為和平友好，被譽為「吉祥美神」。戰神與美神，一黑一白、鋒刃與美器、勇猛與柔和、「戰爭」與「和平」，都是既矛盾又統一的共同體，能反映出成吉思汗對打天下與治天下的獨特哲學智慧，與中國傳統的「陰、陽」觀念無不相通。兩座蘇勒德上還分別運用了最能體現這種哲學觀念的「陰陽魚」，相生相剋、相反相成、對立統一、永續輪迴，可謂意味深長。這兩座雕塑作品的後側各栽植了兩棵松樹，引申為護旗手。屹立挺拔的「護衛雙松」上纏繞五色哈達和彩色綢緞，這是按照神樹祭祀的蒙古民俗進行了裝飾，滿足蒙古族群眾拜纛祈福的需要。

▲ 聖山

聖山

聖山高十六米，占地六萬平方米，動用土方八十六萬立方米，是松原地區體積最大的人工山丘。聖山高大但不突兀，漫崗通透、渾然天成。鳥瞰這座聖山，呈「山」字形、元寶狀，極像一隻振翅飛翔的海東青。他與曲折的河流、連環的澤湖一同形成了文化園的主體風光。這裡的山前地貌是草原丘陵，山後地貌是仿原生態的東北山林。回望全園，這裡山水相依、草木相融、禽鳥棲息，是絕佳的生態休閒寶地。上山的階梯，按照四、五成組，共九十九級台階，象徵著久久吉祥。

聖祖像

讓人們領略這位千年風雲第一人，曠世至尊的風采。它屹立在聖山之上，遙望遠方。他左手指向南方，右手把握鴻卷彰顯了一代政治家、思想家、軍事家和外交家的雄渾氣魄。二〇一一年五月二十二日，成園舉行聖像奠基儀式，儀式之即，瑞風東來，祥雲四合，天降甘霖，洗塵滌垢，隨後雲開霧散，陽光普照，太陽四周佛光湧現，東南方向彩虹當空，成園上方雄鷹翱翔，可稱得上

是奇觀異象盡匯於此。

這座成吉思汗聖像是世界最高的聖祖站立像，高二十二米，合六十六尺，重六六六噸，象徵聖主執政二十二年，光輝生命的六十六歲。站在聖像下，遠望成園，自然會感受到這樣一幅歷史瞬間：一二〇六年，統一了蒙古高原的英雄鐵木真，在斡難河畔的忽里台大會上，被舉稱汗，號成吉思汗。這尊巨像，正是他四十四歲成為世界帝王的至尊形象，這座成園，正是蒙古帝國皇帝登基盛典的宏大場景。

聖像基座長十三米，寬九米，高一點六米，其上浮雕作品內容豐富，壯闊優美，擁有很高的藝術性和知識性。基座正面雕刻成吉思汗大軍征服世界後，蒙古帝國的最大疆域圖，圖上書有蒙文「蒙古汗國」。版圖顯示的面積達四五〇〇萬平方公里，證明了蒙古帝國是人類歷史上版圖最大的帝國，也寓示著聖祖在歷史上擁有無人替代的重要地位。基座左側雕刻著成吉思汗御駕戰車，也

▼ 建國賦

建國賦

壬辰初春，郭尔罗斯百业正举，如日方中，民德天心，孫于大成，遂应百姓风愿，举万众之力，得八方鼎勋，建文化名園，以秉圣祖雄基，弘民族精神，碎开拓之地，泽福被民生，劫满之日，圖县周庆，乃劭石永铸，揽其大要而为记。

斯園所在，松江之滨，新城腹地，圖匦九十九引，方園九百九十九畝，初建之时，天隆瑞祥，彩练曲空，老初感集，木业奉攻，垄土成山，劈松江吃水入灵秀；移...白之不，源其流動山之灵秀。

筹其巨额，自奇月骏士，仲夏造就，历时十二朔，大成園满，其工石百万方，土石百万方，功莫废。

成園陆伏，大堂赫赫，深秋天成，草木蒽茏，曲径道幽，水相汹，统園俱行，九经纵横，天隆九曲玉带，其上架桥十九，约圣湖，指引众渡，连接天坡，村以群雕九组，环園合璧，圣像之行，供翼青铜之躯，乃成園之魂，父...

六吨，金身瑞光而显，高六十六尺，重一万吨，威仪四射，汇大铸千古观，石万计，山之巅，众之望，平于方寸，永留纪念，扬华夏历人之风采，處世瞩目，遵陶治，建润前郭尔罗斯九眼家泉会辉...

书留，扬华夏历人之风采。

秋。

前郭尔罗斯蒙古族自治县
公元二〇〇二年六月

稱為流動的宮殿。基座右側雕刻蒙古帝國時期中西方商貿、科技、文化、宗教等全面交流的和諧篇章。基座背面用蒙、漢、英三種文字雕刻了成吉思汗生平，介紹了他的超凡人生和歷史功績。

美國《華盛頓郵報》依據「誰縮小了地球，拉近了世界」為原則評成吉思汗為千年風雲第一人。如今，研究成吉思汗的學者有數千人，分布在幾十個國家。他們總結了這位偉大人物創下了十一個世界之最：創建了世界上版圖最大的帝國、發動了人類歷史上規模最大的戰爭、最早建立了運輸聯絡系統、將軍事藝術推向冷兵器時代的最高峰、人類歷史上最大的成功者、世界歷史上影響最大的人物、最早實行政治民主的帝王、千年來世界上最富有的人、世界上受祭祀最多的帝王、奉行了宗教信仰最自由的政策、最早提出並實踐了「全球化」。

對成吉思汗的祭祀活動，發端於窩闊台大汗時代，完善於元朝年間。當年，元世祖忽必烈頒布聖旨，向成吉思汗四時獻祭，並規定了祭祀禮儀的詳規細文。近八百年來，以達爾扈特人為代表的蒙古人對成吉思汗的祭拜，始終保持著原有定例。七個多世紀以來，成吉思汗祭奠已經成為蒙古族的全民祭，祭祀時間之長、參祭人員之多，實屬罕見。因此，成吉思汗也是世界上受祭祀最多的帝王。多年來，我們在查干湖畔成吉思汗召舉行的「成吉思汗祭」屬於公祭活動。

成園在規劃建設之初就賦予了它豐富的精神文化內涵和服務功能。園區內的廣場、雕塑、聖火台、聖祖像等眾多蒙古族元素，向遊客和世人展現蒙古族文化歷史，尤其是對於青少年教育來說更是活課本，讓他們掌握歷史知識、民族知識，使他們更愛我們的祖國。二〇一〇年前郭縣的「成吉思汗祭」被吉林省人民政府列入省級非物質文化遺產保護名錄。

第五章 ——

文化產品

郭爾羅斯民族文化色彩濃郁，蒙古族文化產品燦若繁星。

蒙古族自古就以「舞蹈為伴，詩歌為鑑」。蒙古族歌舞被譽為「宴席上的醇酒，奶茶中的鹹鹽」，是郭爾羅斯地域文化的第一亮點。古老的郭爾羅斯，同樣靠歌唱記載歷史，靠舞蹈展現生活。

蒙古族民間文學浩如煙海，蒙古族民間故事豐富多彩。「烏力格爾」為民眾所喜聞樂見，是最典型的蒙古族民間音樂表現形式，是郭爾羅斯民族文化的傑出代表。馬頭琴音樂，以其獨特的演奏技巧，濃郁的民族風格，優美動聽的音色步入了世界的音樂殿堂。

郭爾羅斯神話傳說

　　對宇宙起源、人類起源、中國人起源，歷史學家們有各種不同的分期方法。有的按地下發掘物分成舊石器時代、新石器時代、紅銅時代、青銅時代、鐵器時代；也有的從人的活動分為神話時代、傳說時代、半信史時代、信史時代等等。

　　神話是人類敘事文學之源。在郭爾羅斯，從遠古流傳下來三篇神話，分別是《武當創世》《日月和晝夜》《日蝕和月蝕》，講述了中國北方人、蒙古人的創世神話。

　　蒙古族的神話傳說，是古代民間口頭文學的寶庫。在史前時期，由於文學尚未出現，沒有被蒐集整理出來，匯入專集，只是在一些古代典籍如《蒙古秘史》《史集》中保存了某些神話傳說的片斷。此外，在有關北方民族的史書和中外學者的蒙古遊記中有一鱗半爪的記載。更多的則是流傳在人民的口頭上，或熔鑄在英雄史詩和古代民間故事當中。

▲ 古籍

蒙古族民間故事

在郭爾羅斯民間文藝遺產中,堪與民歌媲美的是民間故事。它不僅數量多,內容豐富多彩,而且語言生動,極具藝術魅力。茫茫草原,人們較少來往,民間藝人常常成為重要的傳播載體。所以,郭爾羅斯的蒙古族民間故事和其他草原地區一樣,語言多比興,多諺語,有著濃郁的民族特色。

在郭爾羅斯流傳的蒙古族民間故事,可分人物故事、風物傳說、神怪故事、動物故事、寓言故事、巴拉根倉故事等多種形式。按其內容又分為三類:第一類是戰勝邪惡。進入階級社會以前,人類處於矇昧期,人們出於對變幻莫

▲ 蒙古族老藝人

測的大自然的恐怖，產生了萬物有靈的心理，以為人類之外，另有一個世界主宰著人類。但人們又不甘心跪拜在惡勢力的腳下，為求生存，就有了征服邪惡的鬥爭心理。人類產生了階級以後，邪惡勢力便成為善良人類的大敵。因此，征服邪惡、征服自然，也就自然成了民間故事的鮮明主題，如：與蟒古斯、與天神鬥爭的《鎮服蟒古斯》《兄弟戰蟒古斯》《獵人與公主》等；還有與封建統治者鬥爭的《家奴的故事》《黃膘馬的故事》等。第二類是傳頌美德。在沒有文字的時代，民族精神的傳承就多靠民間口頭文學。人們總是把自己的愛情、善惡、美醜的是非標準、道德觀念、階級感情融於自己的口頭文學作品中，一代代地傳下去，如《牧童與金絲鳥》《兩隻小白鹿》《蛇語》等。第三類是傳頌智慧。智慧能勃發人們征服自然、改造社會的能力。《巴拉根倉的故事》是內蒙古東部地區民間諷刺文學的代表作，和藏族的阿古頓巴故事、維吾爾族的阿凡提故事同屬一類。巴拉根倉並非實有其人，他是蒙古族勞動人民根據自己的願望，虛構出來的理想人物，是智慧的代表。由於不同地區、不同時代的人們都將自己創作的一些機智故事的主人公稱作巴拉根倉，因此，逐漸形成了一個別具特色的龐大故事群。

蒙古族民間故事由於反映了蒙古族勞動人民的思想、感情、愛情、嚮往，由於有著豐富的幻想、生動的故事、感人的形象、獨特的表現手法，加之民間藝人為其插上傳播的翅膀，因此流傳的速度是異常神速的。

在郭爾羅斯，清末、民國以來，隨著蒙古地區放墾，大批漢、滿、錫伯、朝鮮各族人民進入郭爾羅斯，帶來了各地優秀的民間傳說、民間故事，在這裡融為一體，反映著自己的追求，歌頌著自己嚮往的生活。

蒙古族英雄史詩

英雄史詩，產生於奴隸制社會，明代為其定型期。中國有三大英雄史詩，即《江格爾傳》（蒙古族）、《格薩爾》（蒙古族）和《瑪納斯》。目前，國際性的《江格爾傳》學術研討會，已在法國、西德、蒙古等歷經幾屆，並逐漸形成了國際「蒙古學」中的一門重要學科——顯學。

在科爾沁，在郭爾羅斯流傳較廣、影響較大的英雄史詩，除《江格爾傳》《格斯爾傳》外，還有《查干海青》《英雄道喜巴拉圖》《森德爾》《土固蘇朝圖》《阿斯爾海青》《伊很騰格爾》《納文騰格爾》等等。

蒙古族英雄史詩，民間俗稱「鎮服蟒古斯的故事」或「降魔傳」，是由民間職業「朝爾沁」（操馬頭琴演唱的藝人）來說唱的。其代表人物為白·色日布扎木薩。

▲ 部分蒙古族作品

蒙古族說書

說書，蒙古語稱「烏力格爾」，即故事的意思。明代，是英雄史詩的鼎盛時期，大概從這個時候起，就有了蒙古說書。以英雄史詩為內容，以「朝爾」（馬頭琴的前身）為伴奏樂器的說書，稱「朝爾沁」派。產生在明代的英雄史詩《江格爾傳》和《格斯爾傳》，就是通過「朝爾沁」的傳唱，才留給後世的。

清代以來，蒙古族社會出現了較長時間的安定局面，特別是接近漢族地方的卓索圖、昭烏達和哲里木盟旗，由於農業經濟和半農半牧經濟的出現，蒙古民族經濟、文化交流日益密切，漢族的古典文學和民間文藝，如《隋唐演義》《封神演義》《三國演義》《東周列國志》《水滸傳》《紅樓夢》等大量被譯成蒙文，以書面形式或口頭形式在民間廣為流傳，幾乎達到了家喻戶曉的地步。「胡爾沁」（操四絃琴演唱的民間藝人）就成了最受牧民歡迎和尊重的漢族古典文學和民間文藝的傳播者。於是，就產生了「胡爾沁」派的蒙古說書。

「朝爾沁」派與「胡爾沁」派在數百年的自由發展中，前者逐漸衰弱下去，後者漸漸繁榮起來。清末以後，「朝爾沁」已近絕跡，「胡爾沁」派卻發展到了鼎盛時期。東蒙，自古就是「胡爾沁」派的搖籃。在郭爾羅斯地區流傳著這樣一則諺語：「蒙古貞的大夫，喇嘛沁的先生」，這足以表明蒙古貞（即今遼寧阜新）的蒙醫、喇嘛沁（今遼寧喇嘛沁左翼、建昌等地）的文化是十分發達的。

蒙古說書（烏力格爾）的演唱曲調，已經發展成具有獨特風格的板腔體音樂，它具有固定的說唱音樂程式。說書曲調有《出征》《趕路》《贊風水》《贊英雄》等百餘首。胡爾沁說唱藝人根據說書內容，任意選用。因各流派不同，其藝術風格也多種多樣。但說、唱之間，卻有共同的規律。一般在說書前，都要有個引子（即書帽），這是說書人的即興創作，多是因地因人的功績、祝賀之詞。開篇後，以「說」引出故事來，唱的部分就多了起來，到了人物介紹或

情節急轉處還要靠說白進行必要的交代。

　　說與唱的有機連繫，是說唱者藝術造詣高低的一種衡量標誌。

蒙古族祝讚詞與婚禮歌

　　蒙古族傳統的祝讚詞，作為一種別具一格的民族文學形式，產生在蒙古族的原始社會。在原始信仰的「萬物有靈論」思想支配下，產生了一篇篇由薩滿在祭神儀式上誦唱的吉慶祝詞和讚詞，表達了蒙古人民祈求美好生活的願望。後來逐步由祭祀進入生活，並演化為祝詞和讚詞。祝詞多用於各種儀式，如「婚禮祝詞」「節日祝詞」「祭拜祝詞」「盟誓祝詞」等。讚詞除了用於各種儀式之外，還普遍用於生活、勞動之中。

　　祝、讚詞的種類，在形式上可分歌體、謠體兩類；在內容上包括生產、生活的方方面面。在日常生活中，常見的就有「那達慕讚」（包括「賽馬讚」「摔跤讚」「弓箭讚」「布魯讚」等）、「風物讚」「家鄉讚」「駿馬讚」「牛羊讚」「五

▲ 蒙古族新娘

▲ 草原情濃

穀贊」「用具贊」（如「彩鞍贊」「套桿贊」「荷包贊」「頂針贊」）等等。

在所有祝、讚詞中，迄今為止，保留最完整、最具影響力、流傳最廣泛的當屬《蒙古族婚禮歌》。《蒙古族婚禮歌》始於古代，清末進入盛期，並逐步完善。民國以來，郭爾羅斯出現一位著名的賀勒莫沁（祝詞家），名叫寶音達賚，他演唱的《蒙古族婚禮歌》在東蒙草原影響力很大。

好來寶

　　好來寶，又稱「好力寶」，意譯為「連起來唱」或「串起來唱」。在曲種中，有「排比聯韻」或「串起來唱」的含義。從保留下來的古代作品看，其起源至少可追溯到十三世紀以前。《黃金史》中的《漁戲》就是早期的好來寶。

　　好來寶主要分為三種形式：一是單口好來寶，由一人說唱，多用以讚頌、諷刺，也可敘事，類似漢族「蓮花落」。二是對口好來寶，多採取二人問答與論戰的方式。三是多人好來寶（或稱多口好來寶），是一種群口聯唱的形式，其中也有的帶有一定情節，是允許人物隨進隨出的曲藝形式（類似好來寶坐唱）。

▲ 多人好來寶

在前郭爾羅斯，由於常有民間藝人往來流動，所以也常有些優秀的好來寶段子流傳，比如《黏糜子贊》，就是由著名的藝術家蘇瑪說唱的。

好來寶多是即興創作。它的唱詞近於民歌，都是押「頭韻」的，但個別的尾韻卻有自已的獨特風格，那就是在所有尾韻連續用同一詞：可以同一詞反覆使用的多是名詞，或是物名或是人名或是特定的地名等，也有的是襯語。《黏糜子贊》中「黏糜子」就是用作尾韻的詞，全篇反覆使用，一用到底。

好來寶有它自已一套定型化的曲調。說唱者往往根據形式、內容、情緒等任意選用。

清末胡爾沁藝術興起後，在蒙古說書中常採取好來寶的形式贊英雄、贊山水、敘述征戰，為故事發展渲染氣氛，收到了很好的藝術效果。

 對口好來寶

蒙古族民間諺語

民間諺語是產生於民間的語言藝術。民間諺語比文人諺語更生動、更形象、更具人民性。

蒙古族諺語產生於遠古，是游牧民族對自然現象、社會現象長期觀察的藝術總結，是用簡煉而有節奏的經典語言表述社會生活的本質。《蒙古秘史》就綜合運用了大量蒙古族諺語。

前郭爾羅斯民間藝人較多，民間也流傳著大量諺語，其中多是關於人生、社會的諺語。比如：心裡有北斗，走道不迷路；顛狂的馬容易閃失，慌張的人易出亂子；雞蛋不裂紋，蒼蠅不會來；蛇會蛻皮，狼會變色；賴瓜籽多，熊喇嘛經多；嘴軟的牛犢，能吃到兩頭母牛的奶；腦袋破了在帽子裡，胳膊折了在袖子裡。

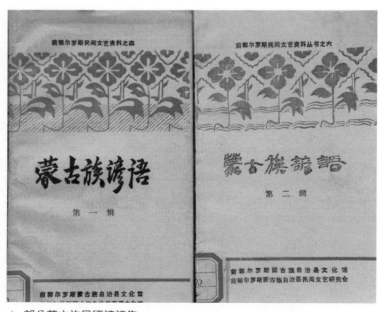

▲ 部分蒙古族民國諺語集

蒙古族歌舞

　　蒙古族自古就以「歌舞為伴，史詩為鑑」。作為生活在馬背上游牧的蒙古族一系，古老的郭爾羅斯部落，同樣靠歌唱記載歷史，靠舞蹈展現生活。生有祝讚詞，死有送葬曲，出嫁必唱婚禮歌，飲酒必唱《天上的風》。

　　郭爾羅斯是東蒙民間歌舞的主要發源地之一。長篇英雄史詩《阿勇干·散迪爾》《迅雷·森德爾》，中國第一部婚禮祝詞《蒙古族婚禮歌》，中國第一部琴書教程《蒙古琴書教程》，中國第一部蒙戲實驗劇目《斧劈小王爺》，中國第一部長篇烏力格爾《陶克陶胡》，中國第一部少數民族志書《蒙古族風俗志》（上），中國第一部漢文版長篇傳記文學《成吉思汗傳說》，中國第一部文學、考證本《蒙古秘史·文學本》，中國首例搬上舞台的蒙古舞蹈《查瑪舞》，世界第一部彩色寬銀幕歷史巨片《成吉思汗》（一二集），世界「甲級民間歌手」、第一個把四絃琴推向歐洲舞台的蒙古族四絃琴演奏家蘇瑪等等，均產生或創作於郭爾羅斯。

▼ 樂舞詩《查干湖》

▲ 樂舞詩《查干湖》

　　郭爾羅斯民歌，是蒙古族文化形態的重要組成部分。其題材主要是歌頌英雄，如長篇敘事民歌《陶克陶胡》；讚美女子的才貌，如《文章水靈》《水靈洪格爾》；描寫愛情生活，如《繭綢水靈》；教育子女，如套曲《折箭同義》；控訴封建社會的婚姻制度，如《跟小昂嘎》《羅梅容》；反映各種禮儀習俗，如《敬酒歌》《喜鵲的翅膀》；求神賜福保佑安康的，如《神聖的殿宇》《十方神靈》；其他如遊戲歌《十二屬之歌》，搖籃曲《波茹來》，薩滿調、安代歌等等。目前蒐集到的郭爾羅斯蒙古族傳統民歌有一二〇多首。這些民歌以其豐富的內容、優美的旋律、精闢的語句，反映了蒙古族人民的痛苦、憂傷、奮爭，表達了對美好生活的嚮往，閃爍著蒙古族人民的智慧，至今仍然流傳於廣闊的牧野，流淌在藍天白雲之上。

　　郭爾羅斯也是產生蒙古舞的重要區域之一。如聲名遠播的安代舞即產生於郭爾羅斯草原。此外，查瑪舞、盅碗舞、筷子舞、漁獵舞、郭爾羅斯博舞等分

別列入了省、市、縣級的非物質文化遺產保護名錄。

盅碗舞

　　盅碗舞是蒙古族最具有民間特色的舞蹈之一，具有極高的藝術價值。相傳盅碗舞起源於古老的年代。最初只是先民們坐在席間，伴隨著歌聲擊打盅碗抒發胸懷，但漸漸感到歡之不足以宣洩內心的激情，敲之亦不足以表達內心的喜悅，於是盅碗舞隨之應運而生。

　　盅碗舞多在宴席上表演。舞者頭頂五隻精美的小碗，雙手各持一對酒盅，用食指無名指夾在盅的邊緣，中指扣於盅內，大拇指托住盅的底部，使兩盅之間留有空隙，以便碰擊作響。當表演者和著樂曲的節拍輕抖雙腕時，盅子即發出細碎、輕脆，銀鈴般美妙的聲音。伴隨著盅碗舞的樂鳴，舞者的手臂、肩部、頭、腳及整個身體隨之或緩、或急。臂柔韌舒展，頭部端莊典雅，腿部平

▼ 盅碗舞表演

▲ 舞台演出盅碗舞

穩地或蹲或跪，造型秀麗，動靜相宜，姿勢動人，富有雕塑之美。在草原上表演時，藝人則坐在毯上輕擊盅子，徐緩起舞。站起後雙臂伸或屈，或在胸前環繞，並在時進時退或繞圈行走的表演中，讓動聽碰擊聲響個不停，節奏輕快後，則更為精彩。在盅碗叮叮作響之中，觀者為烘托熱烈的氣氛，常常唱起綠色的牧歌為之助興，場面顯得更加親密融洽。

漁獵舞蹈

漁獵舞蹈是北方少數民族在歷史上伴隨漁獵生產勞動，在享受生活餐飲的歡樂時，即興揮灑而成的群眾性舞蹈。在蒙古人進入松嫩流域的郭爾羅斯地區後，由於蒙古文化與契丹文化、女真文化相互碰撞和交融，逐漸形成了更加富於北方民族生活色彩的漁獵舞蹈。在古代，漁獵舞蹈的道具都是生活中的用品或飾物，由舞者即興運用，逐漸演繹而成，很好地表現了漁民們收穫後的喜悅心情及樂觀向上的生活態度。

郭爾羅斯漁獵舞蹈有單人舞和多人舞等表現形式，道具主要有網片、抄撈

▲ 漁獵舞蹈

子、魚叉、冰釺、魚皮製做的服裝、蚌殼做的耳環等。其舞姿以摹擬鑿冰、撒網等行獵、捕魚動作為基本形態。近年來，經過深入研究博舞、查瑪舞，又參研了壁畫中的一些舞蹈動作，前郭的文藝工作者先後創作了《查干湖人》《冬捕歡歌》《查干淖爾風情》等漁獵舞蹈，並在那達慕、祭敖包、冬捕節等活動上演出，很好地詮釋了郭爾羅斯蒙古族勤勞、勇敢、與時俱進的民族文化特徵。

烏力格爾

「烏力格爾」係蒙古語，漢意為「故事」，通常譯作「蒙古琴書」。烏力格爾是蒙古族群眾長期以來喜聞樂見的曲藝形式之一。傳統的烏力格爾表演，通常分有樂器伴奏和無伴奏兩種形式。蒙古族將無樂器伴奏、徒口說唱的烏力格爾稱為「雅巴干烏力格爾」，而將使用「潮爾」（馬頭琴）伴奏的烏力格爾稱為「潮仁烏力格爾」，又將使用「胡爾」（四胡）伴奏的烏力格爾稱為「胡仁烏力格爾」。此外，蒙古族民間還有一種使用兩根木製短棒相互擊打伴奏的烏力格爾稱為「棒沁烏力格爾」。郭爾羅斯的烏力格爾民間藝人伴奏所用的樂器主要是「胡爾」。因而，蒙古族民間多稱其為「胡仁烏力格爾」，藝人被尊稱為「胡爾沁」。

烏力格爾藝術在前郭爾羅斯源遠流長，它是古老薩滿神詞逐步民俗化的產物，融匯了蒙古族史詩說唱、祝讚詞、好來寶、敘事民歌、祭祀音樂以及北方漢族曲藝等各種藝術精華傳承至今。由以「潮爾」為伴奏樂器的說唱藝術「陶力」發展而來，並逐步取代了「陶力」，形成了以「胡爾」為伴奏樂器的說唱藝術。

經過前郭爾羅斯幾代烏力格爾藝人的不斷學習、綜合、融匯，烏力格爾藝術的影響不斷擴大，逐步形成了獨特的流派。郭爾羅斯烏力格爾的唱詞主要是為了敘述故事情節，語言更直接、更口語化，通俗易懂。在曲調上，藝人根據傳承和自己掌握的曲調，講述故事時，可有一定的變化，同一曲調可用在不同的地方，同一內容可選用不同的曲調。郭爾羅斯烏力格爾有自己獨有的調式、結構、語言等。一方面由於前郭爾羅斯是一個多民族聚居區，蒙古族群眾生產生活、風俗習慣、興趣愛好發生了很大的變化，絕大部分蒙古族群眾都能用漢語會話，藝人們為了增強表現力，在說唱中把一些生動、有趣的漢語方言、俗語也用到烏力格爾之中。這樣不但未形成語言障礙，反而產生了更加貼切、活

潑的藝術效果。演唱中，有的唱詞前一句是本體，後一句是對本體蒙古語的漢譯。前郭爾羅斯藝人們經常採取蒙漢語並用的形式說唱烏力格爾，被群眾普遍認可和接受。其語言風格蒙漢皆宜、今古兼容，充分體現了地域性較強的原生態特徵。

烏力格爾常用的樂器是四胡，也稱四絃琴。蒙古語叫「胡爾」，也叫「都日奔齊和圖胡爾」，意即「有四個弦軸的琴」。四絃琴歷史悠久，源於中國北方奚部的奚琴。清代四絃琴又稱提琴，用於宮廷音樂番部合奏中，形制已和今日蒙古族四絃琴相同。蒙古族四絃琴有高音、中音和低音三種。

郭爾羅斯烏力格爾書目，既有蒙古族民族的《青史演義》《嘎達梅林》和《鎮服蟒古斯（魔鬼）》等，又有翻譯的漢族傳統書目，如《隋唐演義》《三國演義》《水滸傳》《唐代五傳》《粉妝樓》等，還有當代長篇小說《林海雪原》《新兒女英雄傳》《烈火金剛》等。自創書目中，較為突出的有三本：《阿勇干‧散迪爾》《折箭同義》《陶克陶胡》。多年來，以查干花草原文化館為主的廣大文藝工作者已經蒐集、整理各類烏力格爾書目二百多個，曲調一一〇多首。

烏力格爾在前郭爾羅斯的主要分布區域是查干花鎮、前郭爾羅斯鎮、烏蘭敖都鄉、烏蘭圖嘎鎮、東三家子鄉、烏蘭塔拉鄉、哈拉毛都鎮等蒙古族聚居區。

近現代歷史上，額爾敦尼、那音太是前郭爾羅斯最早的烏力格爾藝人。著名的烏力格爾藝術家還有常明、青寶、白音倉布、樹海等。其中，樹海，漢名唐森林，是白音倉布的關門弟子，烏力格爾項目的省級代表性傳承人。樹海的徒弟包朝格柱，二〇〇八年三月被確定為國家級代表性傳承人，他的徒弟包國強是縣級代表性傳承人。

郭爾羅斯烏力格爾具有特色鮮明、風格獨特的基本特徵，主要表現在以下幾方面：（1）直到現在，仍有一些蒙古族家庭在節慶日上，邀請烏力格爾藝人演出，與親朋好友及鄰居們一同飽食「精神大餐」。說明了這項傳統藝術具有民間活動的依存性特徵；（2）在節慶演出和禮俗活動中，藝人通常要根據

活動的不同內容、不同階段，演奏相應的比較固定的成套詞譜，使烏力格爾形成了參與禮俗活動的程序性特徵；（3）郭爾羅斯烏力格爾，既較好繼承了蒙古族的史詩說唱，又廣泛吸收了蒙古民歌、好來寶的優勢，同時，又引進了漢族戲曲的精華，具有了明顯的多源性特徵；（4）烏力格爾藝術對生產、生活中的客觀事物，採用讚頌、諷刺、排比、比喻、重複、誇張、擬聲、擬人等多種表達方式，因而，又具有說唱構成的多樣性特徵；（5）烏力格爾藝術在演奏時通常只用四絃琴，其演奏形式和曲調具有獨奏性特徵；（6）烏力格爾的藝術形式並不繁複、華麗，「一人、一馬、一琴走天下」，具有簡樸性特徵。

烏力格爾藝術是古老的郭爾羅斯藝術和優秀民間文化的遺存。具有很高的學術價值和實用價值。

在學術價值方面，烏力格爾藝術在中國曲藝史中占有一席之地，而在前郭爾羅斯民族文化中更是占有重要位置。其豐富的內容、鮮明的特徵及其悠久的

▼ 蒙古包前嫡傳烏力格爾

▲ 青歌賽現場

傳承歷史，在中華曲藝中實屬少見。發掘、搶救和保護烏力格爾藝術，不僅能夠豐富和完善中國曲藝，更將帶動和促進前郭爾羅斯民族文化的傳承和發展。

　　在實用價值方面，發掘、搶救、保護烏力格爾藝術，對豐富人民群眾的文化生活，加強民族團結和精神文明建設，構建社會主義和諧社會，將產生重要的促進作用。

　　前郭縣自成立以來，一直高度重視發展烏力格爾藝術。一九六一年，前郭縣在縣城建立了民族曲藝廳，在查干花鎮建立了蒙古語說書廳。多年來，先後招聘了六名專業琴書藝人，成立了琴書演唱小組，舉辦了多期琴書藝人培訓班，多次參加域外烏力格爾交流和競賽，舉辦全縣烏力格爾演唱會、研討會，出版烏力格爾書籍，購置民族樂器。同時，多次組織藝人進行匯演，不斷創編新書目。二〇〇二年，還承辦了全國第三屆烏力格爾調錄大會。此後，每年春節都舉辦全縣烏力格爾演唱會。二〇〇四年，在原烏蘭牧騎演出隊的基礎上，

成立烏蘭牧騎藝術團。二〇〇六年，烏力格爾被列入國家級第一批非物質文化遺產保護名彔後，前郭縣又成立了烏力格爾藝術研究所，加大了傳承力度，表彰了一批優秀的「胡爾沁」，普查了民間藝人和流傳的曲目，確定了國家和省、縣三級傳承人隊伍，並整理、出版了《郭爾羅斯烏力格爾與曲調》一書和DVD光盤《草原放歌》等。

郭爾羅斯蒙古族民歌

郭爾羅斯蒙古族民歌浩如煙海、代代相傳。據有關史料考證，《雁》《天上的風》大約產生於十三至十五世紀。崇禎八年（1635年），清太宗（皇太極）從蒙古林丹汗宮室裡發現的蒙古樂曲中，就載有《天上的風》，這是一首古老的婚宴歌。

關於郭爾羅斯蒙古族民歌的淵源，《吉林蒙古族民歌及其研究》《郭爾羅斯蒙古族民歌集》兩書中的研究認為，清代的郭爾羅斯前旗是哲里木盟（包括科爾沁六旗、郭爾羅斯二旗、杜爾伯特旗、扎賚特旗）盟府的所在地，是十旗政治、經濟、文化的中心。在這裡，蒙古族各類民間藝術高手雲集，名人輩出。他們相互學習、相互交流，對郭爾羅斯蒙古族民歌的產生、發展、興旺起到了不可磨滅的促進作用。而且，由於清朝政府「移民實邊」的推行，促成了「文化北移」。在「文化北移」的衝擊下，郭爾羅斯農業人口不斷增加，蒙古族的生產生活開始從游牧到定居，從氈房到土木房。這樣，郭爾羅斯蒙古族民歌也隨之從室外進入室內，「長調」變「短調」，語言形式和內容出現了蒙漢兼容、農牧相宜的特點。

二十世紀初至四十年代，郭爾羅斯蒙古族民歌不僅數量劇增，而且具有了蒙漢合璧、長短調結合的獨特風格，代表性強、流傳較廣的《陶克陶胡》《龍梅》《高小姐》等許多民歌，就產生於這一時期，且傳唱至今。目前，文藝工作者已經蒐集到的產生、流傳在郭爾羅斯的蒙古族民歌約一二八首。其中多數是源於真人真事，再通過藝人創編而成的長篇敘事民歌，代表作主要有：《陶

▲ 民歌對唱

克陶胡》《龍梅》《高小姐》《波如來》《鸚哥與羅成》等。二十世紀三〇年代，丹麥學者、探險家哈士倫在前郭爾羅斯考察時，收集了蒙古族民歌五十餘首，現收藏於丹麥哥本哈根博物館。一九四三年，由蘇赫巴魯蒐集、桑吉扎布演唱的郭爾羅斯蒙古族民歌《龍梅》，由新京（長春）唱片株式會社灌製唱片發行；一九五五年，女聲小合唱《龍梅》由中國唱片社出版發行；一九七八年，蘇赫巴魯所寫的《一首蒙古族民歌的歷史 —— 龍梅》在期刊《烏蘭牧騎演唱》發表，這是中國第一個最為完整的民歌歷史故事。

郭爾羅斯蒙古族民歌的代表性作品有《天上的風》《陶克陶胡》《龍梅》《高小姐》《官布哥哥》《金良》《波如來》等。這些民歌，緊密結合蒙古「博」、琴書、好來寶、祝讚詞等藝術形式，受到廣大農牧民的喜愛而廣為傳唱。

郭爾羅斯蒙古族民歌的民間傳承人主要有靈月、高娃、其木格等。其中靈月是演唱蒙古族民歌影響較大、唯一在世的老民歌手。靈月，蒙古族，姓關，一九二八年六月四日出生在郭爾羅斯前旗王府屯。自幼酷愛蒙古族民歌，曾拜老藝人青寶為師。她演唱的二十一首蒙古族民歌，載入了《中國民間歌曲集成・吉林卷》。近年來，她多次被中央電視台、《吉林日報》等各級媒體採訪、報導。二〇〇八年六月，她被確定為省級非物質文化遺產——郭爾羅斯蒙古族民歌項目的代表性傳承人。查干花鎮蒙古族民間藝人高娃被確定為縣級代表性傳承人。

郭爾羅斯蒙古族民歌，以其豐富的內容，優美的旋律，精闢的詩句，加之藝人們動聽的演唱，成為群眾生活的一部分。在節慶假日、婚宴嫁娶、生日祝壽等活動中，人們都要演唱郭爾羅斯蒙古族民歌。因此，民歌被蒙古族群眾譽為「宴席上的醇酒，奶茶中的鹹鹽」。可見，在郭爾羅斯的社會文化建設中，蒙古族民歌始終占有重要位置，已經成為郭爾羅斯地域文化的第一亮點。

郭爾羅斯民歌數量多、內容廣，按照歌曲的演唱內容和形式，大致可以分為以下類型：

（1）聶林道（喜宴讚頌歌）：如《陶克陶胡》《成吉思汗之歌》《贊馬》。

（2）依那嘎道（情歌）：如《龍梅》《高小姐》《金姐》。

（3）蘇日嘎林道（教誨歌）：如《父汗為鏡》《母訓子》《額真哈吞》。

（4）高木達林道（怨恨歌）：如《江梅》《二姑娘》《敖斯爾瑪》。

（5）好日民道（婚禮歌）：如《沙恩吐宴歌》《金良》《父母的心》。

（6）呼和特音道（兒歌）：如《波如來》《十二屬之歌》。

（7）太嗨林道（祭祀歌）：如《瑟古乃都》《十方神靈》。

此外還有博道（蒙古族薩滿歌）和安代道（安代歌曲）等。

郭爾羅斯蒙古族民歌具有濃郁的區域特點和民族特色，根據其類別，可以總結出兩大突出特點：

一是文學特點。郭爾羅斯蒙古族民歌分為「圖林道」和「育林道」兩種。「圖林道」即雅樂，也稱正歌。它是在正式莊重的場合演唱的、內容嚴肅的歌曲。「育林道」即俗樂，也稱副歌，是與圖林道相對而言的，除在正式場合演

▲ 深情演繹

唱的歌曲以外，都屬於育林道。

　　章法分單段體、復段體和多段體。凡每首以四句組成的民歌，可稱單段體。它的手法多用白描、誇張。以四句為節組成的兩段或四段的結構形式，稱復段體。四句以上稱多段體。

　　結構分平行式、因果式（果因式）、歸結式等。平行式是其結構是喻體與本事相同平行並列。因果式是因果和果因關係並列，歸結式是把提煉出來的最概括、最典型、最有意的語句，作為每段的開頭和結尾。

　　產生在郭爾羅斯的蒙古族民歌和內蒙古地區的蒙古族民歌一樣，章法嚴謹，表現手法極為豐富。如比喻，包括直喻、暗喻、借喻，即「比方與物，託事與事。」還有排比、旁描、排序、復唱、襯托等。此外，它都以對仗的副段體出現。如上一段是金，下一段必須以銀對仗，三五、山水等都是對仗的素材，形成了蒙古族民歌獨特的表現手法和特點。

▼ 草原牧歌

二是音樂特點。可分為「烏日圖道」即長調，「寶古音道」即短調。郭爾羅斯蒙古族民歌中長調極少，短調甚多。這是郭爾羅斯的蒙古族從游牧到定居，從氈房到土木房屋，自然環境、人員結構以及生產生活方式的變化和發展所致。

郭爾羅斯蒙古族民歌的調式普遍採用五聲音階，也有大部分在五聲音階基礎上的六聲。大部分是徵調式和羽調式。曲式由兩個樂句或四個樂句構成的單段體。表演的結構有明顯的區別，藝人和歌手在演唱時，都要採取唱白結合的方法，敘述情節。

郭爾羅斯蒙古族民歌的節拍比較簡明，多用四二、四四節拍，四三和自由體節拍很少，通常每段有四個樂白，以抒發感情。

郭爾羅斯蒙古族民歌的唱詞，有的需要中間加以襯語。其唱詞與音樂在音高、節奏和邏輯方法的結合上，都有自然語音的表現規律和特點。無論歌中出現多少人物，無論講述多複雜的故事情節，無論演唱多長時間，都可以只用一首曲調來完成。因此，郭爾羅斯蒙古族民歌絕大部分是敘事民歌，講的是蒙古族人民生活中的人和事。每首民歌，本身就是一個故事，一台歌劇，有些較長的民歌可唱幾天、甚至幾十天，有的時間更長。

郭爾羅斯蒙古族民歌在演唱時，可以清唱，也可以用樂器伴奏演唱。有的演唱者邊唱邊奏，也有的是演唱者演唱，多名樂手用樂器伴奏。郭爾羅斯蒙古族在演唱民歌時，用於伴奏的主要樂器有馬頭琴、四胡和蒙古箏。

郭爾羅斯蒙古族民歌，在郭爾羅斯文化藝術中占有重要地位，它是古老郭爾羅斯藝術和優秀民間文化的遺存，其價值主要有三點。

一是民間文學價值。郭爾羅斯蒙古族民歌是生長於郭爾羅斯蒙古族地區並深深紮根於民間、富於地方特色和民族特色的文學作品。每一首民歌都是一首詩，已融入了居住在郭爾羅斯的蒙古民族的鬥爭歷史和經歷、生產生活方式、風俗習慣、性格特點、興趣愛好、宗教信仰。隨著世人的傳唱，藝人的加工、潤飾和提高，已形成藝術精品。

二是民族文化價值。郭爾羅斯蒙古族民歌章法嚴謹，表現手法豐富。一般要求每段四個樂白，如因抒發感情需要，中間可加以襯語，善用比喻、排比、復唱、襯托等。同時，要求以對仗的副段體出現，因此，在修辭手法和抒發感情方式上極富民族特點，具有較高的傳統文化價值。

　　三是社會實用價值。郭爾羅斯蒙古族民歌音樂語言、曲式結構簡潔精煉，不僅達到形象和意境、人與自然的完美統一，還給人以遼闊、豪放的陽剛之美，情景交融，天人合一的獨特意境和神韻。同時，發掘、搶救、保護郭爾羅斯蒙古族民歌，對郭爾羅斯民族團結和精神文明建設，豐富人民群眾的文化生活，提高人民群眾的素質，促進人們全面發展，構建社會主義和諧社會，都將產生重要的促進作用。

　　為了搶救和保護郭爾羅斯蒙古族民歌，前郭縣制定並實施了保護措施和計劃，通過出版歌集、排練節目、培養後人、擴大隊伍，使郭爾羅斯蒙古族民歌這一獨特的民間文化藝術遺產得以較好地傳承和弘揚。近年來，有關部門多次組織專家學者深入到郭爾羅斯蒙古族民歌起源地開展普查活動，全面瞭解郭爾羅斯蒙古族民歌的歷史、分布狀況、傳承方式、社會地位和生存現狀，挖掘整理了原生態的郭爾羅斯蒙古族民歌。文化工作者通過文字紀錄、攝影、攝像等普查手段，全面蒐集郭爾羅斯蒙古族民歌的資料。已彙編、出版發行的《郭爾羅斯蒙古族民歌集》，共計二十萬字，成為保護郭爾羅斯蒙古族民歌的重要成果之一。同時，文化行政主管部門採取了對內培訓、對外交流和以老帶新等方式，實現保護作品、保護傳承人的目的。全縣上下還加大了宣傳力度，以查干湖「旅遊節」和「冬捕節」為平台，通過策劃、包裝、錄製及出版發行，大力宣傳、廣泛推介、樹立品牌。自二〇〇二年起至今，前郭縣政府在每年農曆正月期間都舉辦蒙古族民歌匯演，並通過匯演發現人才、整理民歌、保護和發展此項民族文化藝術。查干花草原文化館、民族歌舞團等單位先後聘用了多名民歌演員，併購買了樂器、服裝等，為進一步傳承保護和豐富發展郭爾羅斯蒙古族民歌奠定了基礎。二〇〇五年六月，前郭電視台錄製的八首代表性民歌，在

前郭爾羅斯電視台多次播放，受到了觀眾的一致好評。二〇〇六年九月，縣委、縣政府組織有關人員將郭爾羅斯蒙古族民歌中的代表作品進行了策劃、包裝、錄製，並由中央民族音像出版社出版發行了一套《郭爾羅斯民歌集》DVD光碟，使其成為全面瞭解郭爾羅斯蒙古族民歌文化魅力的一個重要載體。二〇〇六年九月，在公開出版發行的十本郭爾羅斯文化叢書中，將《郭爾羅斯蒙古族民歌集》列為重要組成部分。二〇〇七年六月，文化行政主管部門將郭爾羅斯蒙古族民歌申報成為省級第一批非物質文化遺產保護項目。二〇〇八年六月又列入第二批國家級非物質文化遺產保護項目。納入國、省、縣三級非物質文化遺產保護項目，使郭爾羅斯蒙古族民歌的進一步傳承和弘揚得到了保障。

馬頭琴音樂

　　馬頭琴是蒙古族歷史上較為悠久的一種弓絃樂器，因琴首雕有馬頭而得名。過去蒙古語稱其為「潮爾」，如今稱為「莫林胡爾」。

　　馬頭琴音樂在郭爾羅斯文化藝術中占有非常重要的地位，是最典型的蒙古族民間音樂表現形式，已成為前郭爾羅斯文化品牌的代表。

　　郭爾羅斯人關於馬頭琴淵源的觀點，如今已被樂器學術界認可。馬頭琴從產生那天起，就成為蒙古民族喜愛的樂器，並廣為流傳。它伴隨著蒙古民族走過了一千三百多年的歷史，已成為蒙古民族文化生活中不可缺少的伴侶。

　　關於馬頭琴的淵源，早在二十世紀八〇年代初，蒙古族學者、郭爾羅斯人蘇赫巴魯先生就作過研究，在《樂器》一九八三年五、六期連載了他的文章

▲ 草原神韻

《火不思──馬頭琴的始祖》的文章。他考證馬頭琴形成世系是彈撥樂器火不思──諾門圖・火不思──抄兀兒──馬頭琴。「這一觀點，現今已被樂器學術界認可。」蒙古族學者、郭爾羅斯人哈達沁（博爾舍・雪峰）、額魯特・烏蘭在《蒙古弓弦胡琴考略》中也有明確論述。

馬頭琴以其獨特的演奏技巧、濃郁的民族風格、優美動聽的音色步入了世界音樂殿堂。自古崇尚自然、注重禮儀、能歌善舞的游牧民族，馬背和弓箭釀造了古老優秀的游牧文化，使之確立了中國及世界弓絃樂器發祥地的地理方位。

現代出版的關於馬頭琴的傳說，有出自察哈爾的《馬頭琴》，有出自科左後旗的《馬頭琴的傳說》，有出自前郭縣的《馬頭琴的傳說》。中國著名學者波・少布指出：「從社會背景、時代背景、故事體裁來看，郭爾羅斯的故事，產生時代要早於察哈爾和科左後旗的故事。這符合馬頭琴本身產生的時代。」「郭爾羅斯部是蒙古人冶鐵出山的先鋒部落，最先邁出瞭解放自己的第一步。蒙古族中最先進的部落，具有產生馬頭琴神話的基礎。」

近現代，由於清朝統治者推行「移民實邊」政策，關內漢族人大量移居草原，推動了蒙古說書的發展。輕便實用的蒙古四絃琴隨之廣泛在東蒙流傳。而在郭爾羅斯草原，馬頭琴和四胡仍然長期並存。這一時期，郭爾羅斯的常明、青寶、蘇瑪等一批民間藝人，都是馬頭琴演唱的名家。經考證，現存於丹麥哥本哈根博物館的一把清代馬頭琴及演奏者的照片，是丹麥學者哈士倫於一九三六年在前郭爾羅斯王府蒐集，係青寶演奏使用的「潮爾」。二〇〇八年七月，青寶之子張承軒在家中指認照片，證實了這把「潮爾」是目前發現的、僅存於世的近代郭爾羅斯馬頭琴。

馬頭琴是蒙古民族的代表性樂器，具有構造精細、攜帶方便的特點。馬頭琴的結構由音箱、琴桿、琴絃、弦軸和拉弓組成。琴桿用梨木、紅木製，大者全長一二四釐米，小者全長七十釐米。音箱呈正梯形或倒梯形，也有六方或八方形。框板用硬木製，兩面蒙馬皮、牛皮或羊皮（較好的音箱蒙蟒皮），並繪

有圖案。現在，音箱背面多蒙松木薄板。兩側開有出音孔。琴弓用籐條作桿拴，琴絃是兩條馬尾弦。正反四度或五度定弦。

　　馬頭琴的音色純樸、渾厚。演奏時呈坐姿，音箱夾於兩腿中間，琴桿偏向左側。左手持琴按弦，右手執馬尾弓在弦外拉奏。按弦法頗為獨特，食指和中指伸入弦下用指甲頂弦，無名指用指尖按弦，小指用指尖頂弦。有顫指、滑音、雙音、撥弦、揉弦、泛音等技巧。右手有頓弓、擊弓、碎弓、抖弓、跳弓等技巧。

　　現代的馬頭琴，可以進行獨奏，也可以齊奏或伴奏。演奏技法借鑑小提琴的技巧，創造性地採用了半音演奏、撥弦演奏、倒弓、分弓、震弓、連跳弓等演奏法，使馬頭琴演奏技巧在創新中不斷發展。郭爾羅斯的琴師們在長期演奏的實踐中，逐漸形成了獨具特色的藝術流派，定格為與內蒙古自治區馬頭琴演奏技巧彼此相區別的不同體系。

▼ 少年馬頭琴表演

馬頭琴的傳統曲目多從民歌中演化而來，可分為五類：（1）原生民歌，如《朱色烈》《八雅鈴》；（2）英雄史詩曲牌，如《奔馬調》《打仗調》；（3）馬步調，即表現馬形象的曲調；（4）從民歌發展而來的琴曲，如《荷銀花》《莫德烈》等；（5）漢族古老曲調，如《普安咒》《柳青娘》等。

馬頭琴音樂，在郭爾羅斯文化藝術中占有重要地位，是最典型的蒙古族藝術表現形式。它是古老郭爾羅斯藝術和優秀民間文化的遺存，其價值主要有兩點：

（1）學術價值。馬頭琴發聲原理與中外一切絃樂器都有明顯差別，而它的指法則更帶有不易把握的極其繁複的特點，馬頭琴音樂在中國民族音樂領域中具有特殊的學術價值，在郭爾羅斯民族文化中占有非常重要的位置。對其進行發掘、搶救和保護，對於豐富和完善中國民族音樂史、音樂學科將產生積極的推動作用，並將進一步帶動和促進郭爾羅斯民族文化的弘揚。

（2）實用價值。馬頭琴藝術是前郭爾羅斯文化品牌的代表，對於發展本地區社會文化事業具有舉足輕重的作用。發掘、搶救、保護馬頭琴音樂，能夠加強前郭爾羅斯的民族團結和精神文明建設，豐富人民群眾的文化生活，提高人民群眾的素質，促進社會全面發展。

近年來，郭爾羅斯的馬頭琴演奏家們還創作了很多馬頭琴新曲目，包括聞名省內外的《英雄的牧馬人》《馴馬手》《駝群》《郭爾羅斯情》等。

在長期實踐中，前郭縣文藝工作者將馬頭琴演奏技巧發展成為具有地域特色的民間音樂藝術，主要分布在查干花、烏蘭圖嘎、東三家子、哈拉毛都、長山、浩特茫哈、烏蘭塔拉、王府站、白依拉嘎、烏蘭敖都等鄉鎮。此外，郭爾羅斯馬頭琴藝術還輻射到周邊的部分市縣，如乾安、長嶺、鎮賚、白城、寧江、扶餘、農安等地。目前，查干花鎮蒙古族藝人嘎日迪被確定為非物質文化遺產馬頭琴音樂項目的省級代表性傳承人，阿拉坦、白巴圖被確定為縣級代表性傳承人。

馬頭琴藝術在前郭縣文化建設中有著極其重要的作用。近幾年來，前郭縣

委、縣政府制定實施了全縣社會文化發展戰略，馬頭琴藝術被提到品牌文化戰略的高度。2006年8月4日，中國民族管絃樂學會正式命名前郭爾斯蒙古族自治縣為「中國馬頭琴之鄉」。2006年9月1日，前郭縣一一九九名馬頭琴選手的廣場齊奏，經審定載入世界吉尼斯紀錄。2008年7月17日，北京奧運火炬到達前郭縣城區時，前郭縣組織二〇〇八名馬頭琴選手進行廣場齊奏，打破了該縣之前創造的原吉尼斯世界紀錄。

近年來，前郭爾羅斯馬頭琴藝術的教育、培訓和演出十分活躍。1997年12月24日，中國馬頭琴學會吉林分會在前郭縣成立。這標誌著前郭縣的馬頭琴事業真正有了自己的組織。在此基礎上，前郭縣首先從學生抓起，下決心在全縣民族學校中廣泛普及馬頭琴，並在資金和人員上給予支持。特別是在招聘馬頭琴教師方面，前郭縣放寬政策，讓一批優秀的馬頭琴從業人員能夠安心、舒心，更好地傳承馬頭琴事業。從2002年開始，前郭縣將馬頭琴培訓列入蒙古族中小學生選修課。2003年以來，全縣已經舉辦了四次馬頭琴指導教師培訓班，促進了馬頭琴藝術教學工作的發展。目前，全縣共有三十所學校開展馬頭琴教學，馬頭琴專任教師五十餘名，學習馬頭琴的學生已發展到二七〇〇人，先後購置普及用琴二五〇〇把。此外，縣民族歌舞傳習中心、查干花草原文化館及散落於民間的馬頭琴還有四百餘把。全縣馬頭琴習練人員總數已達三千人。前郭縣查干花鎮的學生斯日古楞，於2006年7月於內蒙古大學藝術學院馬頭琴專業畢業後，以優異的成績成為內蒙古師範大學馬頭琴專業研究生，這也是中國第一個馬頭琴專業研究生。在傳承弘揚馬頭琴演奏藝術的同時，前郭縣還成立了馬頭琴研究所，大力扶持馬頭琴的製作，使馬頭琴工藝不斷得到改良、完善。2006年12月，前郭縣及文化行政主管部門經過緊張籌備，從內蒙古等地錄用了三十三名馬頭琴專業畢業生，在原縣民族歌舞團樂隊基礎上正式組建了馬頭琴樂團，編制五十人。從組織機構上實現了由群眾性普及到專業性演出的跨越發展。截至2008年5月，該團已經先後赴北京、長春、哈爾濱等省市，多次參加大型文體活動的演出，受到了業內人士和廣大觀眾的一致好評。

四胡

　　四胡又稱四絃琴，蒙古語簡稱為「胡爾」（漢譯為琴），其形似二胡，弦為四根，是具有代表性的蒙古族民間樂器。

　　四胡的前身是奚琴。奚是中國契丹時期庫莫奚部落，生活在西喇木倫河一帶，屬東胡。清代，四胡在郭爾羅斯及東蒙得到普及。迄今為止，已有幾百年的歷史，是說唱好來寶、蒙古琴書、演唱蒙古族民歌不可缺少的民間樂器。在蒙古族地區的各類演出活動中，四胡的獨奏、合奏、重奏、伴奏等演奏形式，能夠深深地感染廣大聽眾，增添群眾文化生活的色彩。

　　根據四胡的發音特點，可以將其分為高音、中音、低音三種，都是五度定弦。其中，高音和中音適用於獨奏和伴奏，低音四胡主要用於說唱烏力格爾、好來寶的伴奏。四胡的結構，由琴筒、琴柄、琴軸、琴絃、千斤、琴弓、琴碼七個部分組成。

　　四胡音樂在郭爾羅斯草原上世代相傳，具有廣泛的群眾基礎。近代以來，郭爾羅斯蒙古族四胡演奏藝人層出不窮，湧現出了一批又一批的代表性傳承人。從額爾敦尼到蘇瑪，再到今天的一批四胡愛好者，經過幾代人傳承，郭爾羅斯四胡演奏法自成門派，逐步形成了郭爾羅斯四胡音樂體系。被譽為「一代琴王」的蒙古族著名演奏家蘇瑪，是郭爾羅斯蒙古族四胡音樂的代表人物。他是郭爾羅斯前旗八郎努圖克兩家子屯人，一九一四年出生。姓孛爾只斤氏，諧音簡化為包姓，漢名叫玉臻，是成吉思汗仲弟哈薩爾的後裔。一九五六年，在捷克十一屆「布拉格之春」國際音樂會上，蘇瑪演奏四胡獨奏曲《趕路》《八音》，深受好評，被譽為「馬背音樂」「蒙地神麴」。蘇瑪使蒙古族四胡走出了國門，走上了世界音樂舞台，成為舉世矚目的藝術瑰寶。現在，他的出生地前郭縣八郎鎮兩家子村已更名為蘇瑪村，當地中心小學開設了四胡課程，成為蘇瑪四胡培訓基地。

以蘇瑪為代表的郭爾羅斯四胡演奏法博采眾長，以獨特的「一拇指外側法」，在海內外屬獨樹一幟，被稱為「蘇瑪演奏法」。幾十年來在草原上廣為流傳，成為蒙古族民間藝術的寶貴遺產。

　　影響深遠的蘇瑪演奏法，風格獨特，技藝精湛，具有強烈的藝術感染力。

▲ 四弦琴獨奏

蘇瑪的彈奏，創造性地運用了自己獨特的彈奏技法，彈奏時，兩個手指猶如定音鼓槌猛烈擊奏鼓心。自動蹦回，爆發的聲音一樣富有彈性，兩個手指的彈力，如同有支點的弓箭，準確而有力地射向靶心那樣的爆發。蘇瑪演奏法除具有傳統四絃琴演奏技巧外，獨特的技巧主要有「彈奏」「打音」「點音」「扣音」「掃音」「流音」「和音」「捂音」「空弦顫音」等。

蘇瑪創作的四胡獨奏曲，內容豐富，委婉動聽，充滿生機活力，在他及傳承人的不斷加工、創新提高過程中，獨具一格、感人肺腑，具有強烈的藝術魅力。郭爾羅斯四胡音樂作品中，蘇瑪的典型曲目為《八音》，還有《普德列瑪》《烏雲參丹》《杜姐》《白虎》《舟金扎布》《江梅》《常斯德喇嘛》《胡日海》《小走馬》《歸群》等一百餘首樂曲。

四胡音樂在郭爾羅斯文化藝術中占有重要地位，在城鄉各地廣泛流傳。隨著時代的進步，四胡音樂得到了進一步繼承和發展。民間主要分布在查干花、烏蘭圖嘎、東三家子、海勃日戈、哈拉毛都、八郎等鄉鎮的蒙古族聚居村屯及縣城。

為了將四胡演奏藝術不斷髮揚光大，前郭縣重點挖掘和培養了以「一代琴王」蘇瑪的弟子和主要傳承人為主的一批四胡演奏新人。縣民族歌舞團樂隊演員、國家二級演奏員查爾斯（漢名白百順），已熟練掌握了蘇瑪的演奏技巧，能精湛演奏蘇瑪的多件作品，多次到香港、加拿大、韓國等地進行文化交流演出，在吉林省專業器樂比賽及全國蒙古四胡大賽中多次獲獎。他和張繼新、包春宇（蘇瑪曾孫女）被確定為四胡音樂的縣級代表性傳承人。八郎鎮蒙古族中心小學四胡教師的格日樂圖（漢名齊光），曾獲得八省區蒙古族四胡電視大賽非職業組一等獎，並先後在東三家子、八郎等鄉鎮和前郭縣城區教授百餘名四胡學員，已被確定為該項目的省級代表性傳承人。

為繼承蘇瑪的演奏技法和創作手法，由蘇赫巴魯和張繼新（蘇瑪的弟子）編著的《蒙古族四絃琴演奏家蘇瑪》一書，於一九八八年九月正式出版；由張繼新、蘇赫巴魯撰寫的《論蒙古族四絃琴演奏家蘇瑪的演奏技巧》《蒙古族四

絃琴演奏家蘇瑪的演奏技法與創作手法之研究》等論文，曾多次參加國家、省級論文研討會，並在吉林省和東北三省優秀論文評獎活動中榮獲一等獎。張繼新在參加藝術科學國家重點研究項目文藝集成志書的編纂工作中被評為先進個人，榮獲文化部、國家民委、全國藝術科學規劃領導小組的紀念獎。此外蘇瑪小傳、曲譜還編入《中國民間器樂曲集成（吉林分卷）》一書。

二〇〇三年，前郭縣政府在查干湖旅遊開發區設立了蘇瑪銅像，作為前郭爾羅斯名人，供後人瞻仰。二〇〇四年，在蒙古族聚居的東三家子、八郎、海勃日戈等鄉鎮的部分民族學校開設了四胡課程。二〇〇五年，面向全國招聘了兩名四胡教師，充實到教學一線，併購置四胡三百多把。同時，在蘇瑪的故鄉設立了四胡培訓基地，重點培養年輕一代的四胡愛好者，並對蘇瑪等民間藝人創作的四胡曲目進行挖掘整理、出版發行。二〇〇七年，由文化行政主管部門牽頭，成立了四胡藝術研究所，對郭爾羅斯四胡進行研究、推廣。截至二〇〇

▼ 四弦琴合奏

八年初，在前郭縣查干花鎮、東三家子鄉等地，民間有四胡五百多把，能夠演奏四胡的群眾有七百人左右。其中，最大的七十九歲，最小的八歲。茶餘飯後，蒙古族群眾經常聚集在一起演奏四胡。查干花鎮十二位老藝人還自發地組織了四胡演奏隊伍，義務巡演。二○○七年八月，在查干花舉行的那達慕大會上，一百名民間藝人齊奏四胡，場面壯觀，感人至深。此外，在查干花鎮達爾罕屯、前郭鎮育才街、烏蘭圖嘎鎮大德營子村等地，還有幾位四胡製作的傳承人。

陶克陶胡

　　郭爾羅斯有著特色濃郁的民族文化。浩如煙海的蒙古族民間文學在國內外都享有較高的聲譽。其中《陶克陶胡》是產生於十九世紀初的一種說唱體民間文學，是民間藝人根據真人真事創編，以蒙古族長篇敘事琴書，即烏力格爾說唱為主，還有民歌和多種傳說、故事的文學版本，至今仍在蒙古族聚居地區廣為流傳。

　　陶克陶胡（1864-1922年），蒙古族字兒只斤氏人，漢譯簡稱姓包，1864年農曆四月初八，出生在郭爾羅斯前旗塔虎城三家子屯（今前郭縣八郎鎮陶克陶胡村）一個毫克台吉（末等貴族，俗稱窮台吉）家庭。陶克陶胡從小聰明伶俐、膽識過人，有初生牛犢不怕虎的志氣。在十八歲時，已經長成了英俊彪悍充滿活力的男子漢。「智慧在他的腦子裡，武藝在他的馬背上。」這年的農曆正月，塔虎城努圖克的會兵組織正式成立，其宗旨是搞村民聯防，陶克陶胡被推舉為兵會首領。會兵組織成立後，陶克陶胡率領會兵，除人間不平，救鄉親

▲ 陶克陶胡

於水火，做了許多好事，人們敬佩他、感激他、熱愛他，尊稱他為「陶老爺」。

　　1905年，郭爾羅斯前旗扎薩克（旗長）齊默特色木丕勒下令開放二龍索口、賽音胡碩和塔虎城一帶荒地。為求生計，塔虎城一帶百姓公推陶克陶胡去王爺府（時稱公爺府）請願，要求停止開放與移民，結果他被安上抗上的罪名，遭到責罵與毒打。1906年9月23日凌晨，陶克陶胡帶領三個兒子及親族義友等三十二人宣誓起義。先搗毀了二龍索口墾務局，繳獲二十餘條槍枝，又於當晚十一時到達茂林站，處死十二名日本測繪人員及守衛清兵，繳獲

大批槍枝彈藥與軍裝。清廷急令哲盟十旗派出騎兵追剿陶克陶胡。1907年6月，東三省總督徐世昌又派前路統領張作霖的巡防隊等多股兵力進行圍剿。當年7月，陶克陶胡率部占據醴泉縣城德隆燒鍋大院，與8000多官軍激戰六晝夜後突圍。次年3月，又轉戰於扎賚特旗、土謝圖旗之間，曾在土謝圖旗與5000多追剿的官軍激戰3晝夜。

陶克陶胡反抗蒙古封建王公及清廷的起義，以的兵力與成千上萬官軍在東北與東蒙廣闊地帶進行了100餘次激戰。起義的四年間，他率部轉戰於郭爾羅斯、烏珠穆沁、呼倫貝爾等廣袤地區，曾兩次南下，三上索侖山，殲敵2000多人，立下了赫赫戰功。1910年春，率部經錫林郭勒盟到達中俄邊界，在眾多清兵追擊下進入俄境。後幾經周折進入外蒙古庫倫。於1922年4月在庫倫（今烏蘭巴托）病逝，終年58歲。

陶克陶胡起義配合了1911年辛亥革命前全國範圍的反清鬥爭，動搖了清朝統治，打響了反清第一槍。陶克陶胡起義軍以少勝多的游擊戰術，威震世界，連國外的報刊都給予了報導。幾年後，內蒙古科左中旗的嘎達梅林，在聽了關於陶克陶胡英雄事蹟的蒙古族琴書和民歌后造反起義，成為民族英雄。隨後，產生了民歌《嘎達梅林》。

《陶克陶胡》先是以蒙古族琴書傳唱，後來又出現了演唱的民歌和出版的文學作品。無論是琴書、民歌還是文學作品，都是故事情節生動曲折，語言凝練，音律鏗鏘，曲調跌宕起伏，具有極強的藝術感染力，其民間文學價值極為珍貴，同時又具有很高的歷史學和民族學價值。.

蒙古族長篇敘事琴書、民歌《陶克陶胡》在郭爾羅斯乃至整個科爾沁草原、哲里木盟、興安盟、甚至呼倫貝爾盟一帶都家喻戶曉，老少皆知。作品雖然產生於郭爾羅斯境內，但在吉林省西部和北部地區廣為流傳，並影響到其他蒙古族地區。

《陶克陶胡》可以清唱，也可以用樂器伴奏演唱，可一人自拉自唱，也可以多人演唱，由樂手伴奏。伴奏樂器有四胡、馬頭琴、三弦等。其主要作品形

式有蒙文記錄文本，漢譯本的民歌集、小說、好來寶和音樂歌曲磁帶、光盤等。

經過郭爾羅斯幾代文化工作者的精心挖掘，目前可以整理的民間文學陶克陶胡的傳承譜系如下：

第一代：孝興阿（1876年9月-1951年11月），蒙古族，陶克陶胡筆貼士。

第二代：康哈日巴拉（1898年2月-1969年12月），蒙古族民間藝人。

第三代：白音倉布（1900年2月-1991年5月），漢名吳耘圃，蒙古族著名琴書藝人。

第四代：蘇赫巴魯（現年73歲）、包廣林（現年70歲）、唐森林（現年62歲）。

《陶克陶胡》作為非物質文化遺產項目，其主要特徵首先表現在作品是蒙古族民間藝人口頭創作而成。又經過無數優秀民間藝人的整理、加工，既具有廣泛的群眾性和民間傳承性，又具有很高的藝術價值。琴書和民歌產生初期，在人們的口頭一代又一代傳唱。建國後，一些專家學者對這首敘事琴書、民歌進行了漢譯，從而使其聲名遠颺。在長期口頭傳唱中，每一位蒙古人都是藝人、歌手，人們在勞動中傳唱，在飲酒時高歌，所以這首長篇敘事琴書和民歌產生了多種譯文和不同的演唱風格，但主要故事情節是相同的。

其次，民間流傳的長篇敘事琴書和民歌《陶克陶胡》，主要用蒙古語演唱，演唱方式繁多，可以獨唱、合唱、自己拉琴自己唱，可以單人演唱，群體伴奏，一人演唱，眾人伴唱等，還有好來寶的形式說唱。文學作品《陶克陶胡傳》《陶克陶胡》經文學愛好者整理出版後，成為本區域民間文學的代表性作品，深受人們喜愛。

最後，民間文學作品《陶克陶胡》的挖掘、整理成果顯著。1990年，白音倉布演唱、特木爾巴根翻譯、包廣林整理的漢文版《陶克陶胡》一書，由吉林人民出版社出版。同年，蘇赫巴魯、伯音都楞編著的蒙漢文版《陶克陶胡傳》由內蒙古少兒出版社出版。1993年，寶音朝古拉、孟和伯拉、阿爾斯楞編著的

《吉林蒙古民歌》收錄了這首民歌，由內蒙古少兒出版社出版。1996年被編入盒式錄像帶《哈達奶酒敬親人》出版。1997年，《郭爾羅斯蒙古族民歌》音樂磁帶收錄了這首民歌，由內蒙古音像出版社出版。1997又年被編入《中國民間歌曲集成》出版。從2000年以來，在《郭爾羅斯蒙古族民歌集》等幾十種光盤和編著中出版發行，2004年8月，內蒙古電視台音樂部落欄目，錄製了民歌《陶克陶胡》並向全國播放。2008年4月，中央電視台《民歌世界》欄目錄製了這首民歌，同年11月，在中央電視台音樂頻道全國播放。《陶克陶胡》蒙古族長篇敘事琴書、民歌及文學作品，從誕生以來一直深受人們喜愛，傳唱至今已經成為中國民間文學寶庫中的經典之作。

　　陶克陶胡在全縣非物質文化遺產項目中體現了重要的民間文學價值。作品《陶克陶胡》產生並深深紮根於民間，富有明顯的地方特色和濃郁的民族特色。琴書和民歌都是蒙古族歷史上產生最早的語言藝術之一，《陶克陶胡》這

▲ 家庭合唱《陶克陶胡》

篇敘事琴書和民歌集中了蒙古族語言的精華。曲調跌宕起伏、氣勢恢宏，音韻鏗鏘，語言生動形象，並運用了「比」「興」「借喻」「旁描」「對仗」等手法，既有很高的民間文化價值，又極具蒙古族民歌的音樂價值，具有極大的藝術感染力。

同時，關於陶克陶胡的民間作品是蒙古族敘事琴書和民歌中贊英雄的代表作，其寓含蒙古族英雄主義的民族精神，具有民族學、歷史學研究的特殊價值，已受到國內史學界的極大關注。此外，陶克陶胡是蒙古族民間文學中一張具有代表性的「名片」，他本人早已被人們認同為反抗封建勢力和反對軍閥的蒙古族英雄人物，這對加強民族團結，構建和諧社會也起到了積極作用。

馬頭琴製作技藝

自古以來，前郭爾羅斯的蒙古族十分喜愛馬頭琴，並把它看做是自己民族音樂的一種象徵。

馬頭琴的製作工藝具有悠久的歷史。早期傳統的馬頭琴，製作工藝簡單，後經馬頭琴大師色拉西的改造，音域得到擴大，既保持了傳統馬頭琴原有的柔和、深厚的音色，又增加了清晰、明亮的特點。這項改進對馬頭琴製作與加工技藝產生了巨大的影響，促進和加快了前郭爾羅斯馬頭琴製作工藝的發展。

馬頭琴的製作程序複雜，選料考究，是蒙古族人民在長期的生產生活中不斷完善發展、世代傳承、民族手工技藝。馬頭琴製作技藝的每一道工序都由手工藝人手工完成。之前，馬頭琴容易變潮、變形，會影響琴的音色，後來開始選用做提琴的材料。本地早期傳統的馬頭琴，多為本地的馬頭琴手就地取材，製作工藝簡單，自製娛樂之用。馬頭琴琴箱是用一塊整木剜製而成，面蒙馬皮、羊皮（現改為蟒皮、桐木板等），用白馬尾或尼龍絲作琴絃和弓毛。琴頭、音箱鑲有骨雕裝飾品，並將琴頭雕刻成馬頭狀。琴體全長七十釐米左右，琴箱長二十釐米，下寬十八釐米左右，屬於指板類開支的拉絃樂器。它最突出的特點是，琴箱的面、背兩面都蒙皮膜，這與一般的

▲ 馬頭琴製作技藝

▲ 馬頭琴製作車間

拉弦類樂器有顯著的不同。琴身木製，長約一米。共鳴箱扁平而呈梯型，以馬皮或羊皮蒙面，面上繪有圖案。琴桿上部左、右兩側各安一弦軸，拉弓以籐條與馬尾做成。

　　隨著時代的發展，現代馬頭琴製作技術的進步對前郭爾羅斯的馬頭琴製作與加工技藝產生了巨大的影響，促進和加快了馬頭琴製作工藝向科技化、現代化方向發展。目前，本地一些民間藝人生產的馬頭琴遠銷內蒙、新疆及蒙古國、日本、香港等國家和地區，並且深受消費者喜愛。據本地製作馬頭琴的老藝人講，一把高檔馬頭琴的指板用的是緬甸產的硬度較高的烏木，面板是產自東部林區的白松，弓桿是彈性較好的巴西蘇木，弓毛是蒙古國的白馬尾，因為只有這樣的材料加之上好的工藝製作出的馬頭琴才能奏出動人的旋律。

　　在蒙古民族音樂文化的百花園中，郭爾羅斯的馬頭琴以其造型獨特，音質優美，做工考究，歷史悠久，享譽海內外。同時，它又是一種獨具特色的民族

民間工藝品，具有極高的保存和收藏價值。

　　作為一種古老的民族民間傳統手工技藝，馬頭琴的歷史地位和藝術價值相當重要，發掘、搶救和保護馬頭琴手工技藝和傳統文化，不僅對豐富和完善中國少數民族音樂文化史，乃至對世界少數民族音樂藝術史的發展，都將產生極大的推動作用。

▍查干湖魚皮畫

近年來，為了豐富查干湖的旅遊文化內涵，提高查干湖的知名度和影響力，前郭縣充分挖掘開發查干湖豐富的漁業資源，製作推出了一種新的旅遊產品——魚皮畫。二〇一三年，查干湖魚皮畫在吉林省旅遊商品大賽上榮獲銀獎。

製作魚皮畫，首先要對魚皮進行加工處理。一般都要經過剝製、晾乾去鱗、晾曬魚皮、捶熟、漂色等諸多細緻環節，手工費時大約要三天。

魚皮畫的製作分為黏貼和鏤刻兩種形式。黏貼畫製作相對來說較為容易。通常是先勾勒出初稿，然後選好底襯，再選適當的魚皮進行剪製。這一步驟特

▲ 收穫

別重要，首先根據要黏貼的部位選擇魚皮的顏色，再進行精心剪裁。剪裁完之後，才可以往底襯上黏貼，再充分晾乾、裝裱，這樣一幅精美的魚皮畫就完成了。鏤刻分陰刻和陽刻兩種，在事先準備好的魚皮（一般都是選擇比較大的魚皮）的反面進行勾畫，再經過細心剪刻就能製作完成。

▲ 福字

魚皮畫有著重要的藝術和研究價值。魚皮畫材料獨特，反映了濃郁的地域特色。魚皮有一種自然的美，具有天然的魚鱗花紋，凹凸不平，多種多樣，又渾然天成。構成的畫面色彩斑斕，意境深沉幽遠，富有詩意和哲理，而且富有立體感和動感，是任何其他美術材料無法取代的，也非人工模擬能夠完成的，一般收藏幾十年都不會變質，是藝術收藏的珍品。

魚皮畫具有鮮明的地方特色，工藝獨特精美，是紀念、收藏、餽贈佳品。近年來，經過藝術工作者的不懈努力，魚皮畫的藝術和文化含量不斷得到加強，深受遊客好評。隨著前郭旅遊業的發展，魚皮畫有望成為查干湖的標誌性旅遊紀念品。

海戰場景拍攝於查干湖的電影——《甲午風雲》

　　影片《甲午風雲》，一九六二年由長春電影製片廠出品。自鴉片戰爭以來的中國近代史，是一部飽受帝國主義列強凌辱瓜分的屈辱史，也是一部中國人民前仆後繼英勇抗擊帝國主義侵略的鬥爭史。爆發於十九世紀末的中日甲午戰爭，雖然以中國的失敗而告終，但影片在表現這一歷史悲劇時，則突出了中華民族不屈的民族精神，氣勢磅礴地譜寫了一曲愛國主義頌歌。優秀話劇演員李默然相當成功地塑造了英雄鄧世昌。他那敦厚偉岸的外形，剛毅深沉的氣質，以及純熟而富於激情的演技，使這個歷史上傑出的愛國志士形象高大而醒目地聳立在新中國銀幕上。尤其是鄧世昌遭到貶斥後彈撥琵琶曲「十面埋伏」抒發胸臆的深沉悲憤，蕩氣迴腸，至今令人激動不已。

　　該片海戰的場景就是在查干湖拍攝完成的。

▲ 《甲午風雲》封面

第一部宣傳查干湖的專題片 ── 《松花江日記》

　　由吉林電視台、水利部松遼委和拓納集團國際傳播公司聯合攝製的大型紀錄片《松花江日記》於一九九五年開始拍攝，歷時兩年。《松花江日記》以水為線，以人為題，用亙古不變的松花江水所蕩滌出的一個個生動的故事來濃縮這方既熟悉又陌生的關東大地。《松花江日記》每集三十分鐘，共三十一集。片中既有暴風雪中的《天池的故事》，也有大興安嶺《神祕的嫩江源》神話，既有古老的《漁年查干淖爾》上的冬網捕魚，也有《在那茂密的樹杯裡》細述長白山新闖關東的故事，還有《東北家鄉戲》傳出二人轉濃濃的東北鄉音，《一江春水》那第一次春潮的湧動……

▲ 鮮魚出玉門

一九九七年九月九日，水利部松遼委舉行了《松花江日記》首映式。有關領導和部分專家、學者對這部大型紀錄片給予了很高評價。其中「查干湖冬捕」一集榮獲世界級大獎。這是第一部宣傳查干湖的專題片。該片在歐洲等國播出時，當一網拉出的幾萬斤甚至幾十萬斤肥美的鮮魚在如鏡的湖面跳躍時，白皮膚藍眼睛的西方人連呼「It'sgreat！」（太神奇了）。

▲ 查干湖冬捕《紅網》

展現蒙古族文化風情的力作 ——《關東漁王》

由前郭縣委、縣政府、前郭爾羅斯查干湖旅遊經濟開發區與北京北斗文化發展有限公司聯合製作的大型電視連續劇《關東漁王》，在查干湖歷經半年多的拍攝，於二〇〇七年十一月，在查干湖封鏡。

《關東漁王》是二〇〇六年十二月熱播於中央電視台第八套節目的電視劇《關東金王》的姊妹篇，也是繼《聖水湖畔》《美麗的田野》《冰湖獵手》《成長》等影視劇、紀錄片後又一部在查干湖拍攝的、反映關東特色、展現蒙古族文化風情的影視劇力作。故事通過一代漁王「獅子」的成長歷程和人生追求，謳歌了生活在美麗神奇的查干湖這塊土地上的人們勤勞、勇敢，當外敵入侵的民族危亡關頭，蒙古、漢、滿各族人民共同對敵，體現了不屈不撓、奮發向上的民族精神和大一統的民族思想。

據業內人士透露，該劇占了三個第一，即：國內第一部反映冬季捕魚壯觀場面的電視劇；國內第一部反映農耕文化、漁獵文化、游牧文化三種文化彙集交融的電視劇；國內第一部反映蒙古、漢、滿等民族生死與共、親如一家、大融合的電視劇。

大型原生態情景樂舞詩《查干湖》

　　二〇一二年十二月二十八日晚，由前郭縣委、縣政府及前郭爾羅斯查干湖旅遊經濟開發區積極籌備、精心編排的重要文化作品——大型原生態情景樂舞詩《查干湖》在中國·吉林查干湖第十屆冰雪漁獵文化旅遊節開幕式上正式與觀眾見面。整場演出以其神奇的魅力和深刻的文化內涵，震撼著現場觀眾的感官神經，為觀眾奉獻了一場豪華的視聽盛宴，引起了強烈反響。

　　大型原生態情景樂舞詩《查干湖》在作品定位上，突出民族風格，彰顯民族精神，以「查干湖的神祕、神奇、神聖」為主題，採用現實主義與浪漫主義相結合的手段，充分展現查干湖的神奇之美、神祕之美、神聖之美，歌頌查干湖作為天堂聖水的奇麗之美、聖潔之美、凝重之美，禮讚各民族人民和諧相

▲ 樂舞詩《查干湖》

處、天人合一的自然之美。從回顧歷史的角度讓人們看到另一個時期的查干湖和查干湖周邊的人民生活狀態，感受查干湖流傳下來的不屈、抗爭與珍愛環境、熱愛生活的精神。故事共分四章，分別為「溯源」「聖水」「神韻」「冬捕」，展現人與神、人與人、人與自然、人與社會相融相生、和諧共榮、協調發展的美好畫卷，力求思想性、藝術性、觀賞性的高度統一，從而達到啟迪人、感化人、引領人、凝聚人，給人以美的享受和無限嚮往的目的。

前郭縣民族歌舞團為主要演出單位，邀請國家一級舞蹈演員參加演出，國家著名舞蹈編導、藝術家王舉先生擔任總導演，先後兩次榮獲文化部「群星獎」金獎的著名詩人、詞作家戴立然、國家空政歌舞團著名曲作家吳旋等藝術家參與創作。主創隊伍實力雄厚，可以說，樂舞詩《查干湖》在主題定位、故事情節、舞美設計、音樂舞蹈等諸多方面都下足了功夫。

大型原生態情景樂舞詩《查干湖》以其磅礴的背景音樂，精彩的舞美效果，展示了查干湖漁獵文化的恢宏氣勢和豐富內涵，堪稱是難得的藝術精品。

▲ 樂舞詩《查干湖》

民族文化繁榮發展的見證者——《郭爾羅斯》報

一九五九年一月，前郭縣文學藝術界聯合會成立，並正式創辦縣內第一個內部刊物《草原文藝》。一九七六年十二月，在「文革」中一度停刊的《草原文藝》復刊，同時更名為《群眾文藝》。一九七九年九月，《群眾文藝》又更名為《郭爾羅斯》報。至今，《郭爾羅斯》報已經歷了半個世紀的風雨歷程。

在半個世紀的漫長歷程中，《郭爾羅斯》報始終秉承著戒驕戒躁、敦厚踏實的辦報原則，立足本縣，放眼域外，各種體裁兼備，普及提高並重，起到了推出作品，培養人才的作用，為自治縣民族文化的繁榮發展做出了巨大的貢獻。

《郭爾羅斯》報最初為月報，四開四版，每期兩萬字，刊發散文、詩歌、小說、戲曲、曲藝、書法、繪畫、攝影等各種體裁的文藝作品。二〇〇三年一月改為半月報，每月分上半月報和下半月報。同時，創辦了《郭爾羅斯》報校園版——《校園文化專刊》，專門刊發全縣在校中小學師生的優秀作品，旨在培養人才，為全縣文藝事業持續發展儲備後續力量。二〇〇七年，根據縣委主要領導意見，《郭爾羅斯》報由純文藝報改為綜合縣報。改版後的《郭爾羅斯》報為旬報，四開四版。包含時政要聞、社會新聞、文藝作品等內容。起到了對內增進瞭解、凝聚人心、鼓舞士氣；對外宣傳前郭、推介前郭、樹立前郭形象、打造前郭品牌的作用，得到了社會各界的廣泛認可和一致好評。二〇一〇年，《郭爾羅斯》報又恢復為純文藝半月報，每月兩期，膠版，彩印，稿件質量和印刷質量都比以往有了大幅度提高。同時，《郭爾羅斯》報與松原文化網成功鏈接，讀者可以在網上閱讀每期的《郭爾羅斯》報。從而，擴大了該報的覆蓋率和發行面。

據不完全統計，《郭爾羅斯》報自創辦以來，發表各類文藝作品幾萬件，

總字數達千萬。在《郭爾羅斯》報上發表過作品的文藝愛好者不計其數。蘇赫巴魯、王迅、柏青等很多作家、藝術家從這裡起步，走向全國，走向世界，取得了更加豐碩的成果。

多年來，前郭縣文聯以《郭爾羅斯》報為陣地，內引外聯，走出去請進來，組織開展了各種筆會、徵文、大賽、講座、座談會等活動。培養了人才，推出了作品。前郭籍作家、藝術家先後在《人民日報》《詞刊》《詩神》《詩人》《中國青年報》《詩刊》《星星》《長春》《春風》《綠野》《作家》《草原》《吉林日報》

▲ 《郭爾羅斯》報

《城市晚報》《北方民族》《新文化報》《中國文化報》《文壇風景線》《金鷹》《松原日報》《松花江》《松原文藝界》《郭爾羅斯》《查干湖》等近百家國、省、市、縣級報刊上發表了大量小說、散文、詩歌、音樂、美術、書法、繪畫、攝影等作品。

郭爾羅斯文化的特質產品——《查干湖》《金鷹》

▲ 《查干湖》

▲ 《金鷹》

二〇〇三年，為了進一步宣傳前郭、宣傳查干湖，深入挖掘查干湖文化內涵，打造查干湖文化品牌，培養文藝創作人才，促進查干湖旅遊發展，前郭縣文聯與查干湖旅遊經濟開發區聯合創辦了大型文藝刊物《查干湖》。《查干湖》為季刊，十六開本，每期八十至九十個頁碼。作品題材以挖掘、弘揚查干湖文化為主，兼容其他領域；作品體裁以小說、散文、詩歌為主，兼容戲劇、曲藝、影視劇本、傳說故事、報告文學、書法繪畫攝影作品等。截止目前，《查干湖》共出刊二十八期。

《金鷹》雜誌是吉林省西部區蒙古文學會會刊，也是吉林省唯一集中反映蒙古族文化的刊物。受吉林省西部區蒙古文學會委託，自二〇〇八年起，《金鷹》雜誌由縣文聯和縣民族宗教局聯合承辦，每年定期出版漢語版一期，蒙古語版一期。該報進一步傳承、弘揚了郭爾羅斯文化，豐富了蒙古語讀者文化生活，壯大了蒙古語文閱讀群體，同時，給蒙古語工作者提供了一個寫作、學習、交流的平台。截至目前，《金鷹》共出刊二十四期。

第六章 ——

文化風俗

由於郭爾羅斯草原久遠的歷史文化積澱，使查干湖冬捕造就了北方特有的古老、神祕、隆重的民俗活動，加之美好的生態環境，古老的漁獵方式，使捕魚場面更加壯觀，為國內外罕見，被譽為「世界奇觀」。此外，查干湖水質無污染，所產魚類居國家級綠色食品前列，被國際組織認證為有機食品。雖然先進科技水平不斷提高，但查干湖冬捕仍沿用原始的捕魚方法，沿襲傳統的捕魚習俗，避免了現代機械對湖水的污染，同時，前郭縣嚴格控制捕魚數量，有效保證了漁業的持續發展。

▎蒙古族婚俗

　　蒙古族傳統婚禮習俗在前郭爾羅斯歷史悠久，世代沿襲。其習俗以隆重的婚禮為核心，以貫穿的婚禮歌為主線，兼有迎送賓朋、祭火拜天、悲離歡聚、文體娛樂等豐富的民俗內容，是一部古老而獨特的郭爾羅斯史話。

　　在氏族社會時，蒙古人認為氏族內所有成員來自一個共同祖先，氏族內部不能結婚，特別是王公貴族都是隔旗結為婚緣。蒙古草原廣袤遼闊，居住分散，娶妻或嫁女都要到很遠的地方去，女兒出嫁後不知道何時才能與父母兄妹再次見面。這樣，婚禮就成了男婚女嫁的喜事和親人分別的悲事。

　　蒙古族是能歌善舞的草原民族。前郭爾羅斯的蒙古族人民在婚嫁時，自然要用唱歌來表達喜慶和悲傷，長久發展便產生了婚禮歌。再經過漫長的歷史，又產生了半職業性或職業性的婚禮祝詞家和男女雙方的主持人，即蒙古語稱為「賀勒莫沁」，還有歌手、琴手等。他們共同編導、參演，逐漸形成了按照婚禮活動順序、歌聲貫穿全過程的婚禮習俗。

　　一九七八年秋，前郭縣文化工作者在民間採風時，遇到一位著名的老「賀勒莫沁」，名叫寶音達賚。他原不識字，青年時拜師學藝，得到一手抄本婚禮歌，視為珍寶。為了掌握婚禮歌，他狠下功夫，勤奮學習蒙文，終於將全部婚禮歌默記下來。採風時，六十歲的寶音達賚現場演唱了這部歌曲。經過整理的《蒙古族婚禮歌》共七章、兩千餘行，出版後在國內引起轟動。《內蒙古日報》記者撰文報導稱「中國第一部蒙古族婚禮歌在前郭爾羅斯發現」。二〇〇二年，縣草原文化館的文藝工作者根據這部婚禮歌編寫了蒙古族《婚俗劇》，並精心編排搬上舞台，演出百餘場，深受廣大群眾和專家、學者的好評。

　　多年來，在黨的民族政策指引下，前郭縣的民族文化遺產得到有效地保護和發揚，蒙古族婚俗被傳承了下來。隨著民族融合和時代進步，前郭爾羅斯民間婚禮增添了新的內容。多在結婚前一天到女方家迎親。迎親的人數五、七、

九人不等，富豪貴族迎親的人多時可達十七至十九人，但均為單數。人數無論多少，男方至少要有一位祝詞家，女方也要有一至二位善於周旋的女祝詞家（一般為女方的嫂子）。迎親人到達女方家後，雙方祝詞家按照婚禮程序開始明爭暗鬥式的對歌。女方如果沒有女祝詞家，也可以用男祝詞家。

迎親人從男方家出發時帶「袖瑟」（蒙古語音譯，漢意為給女方婚宴上用的酒和肉等食物）。

迎親人到了女家後，婚禮活動正式開始。

（1）迎親

迎親人到達後，女方迎親者向男方客人獻茶。此時，雙方歌手或大家一同歡唱盛裝贊、祝讚歌、贊馬歌、賀喜歌等。

（2）求名宴

係女方的頭道宴，招待迎送的親人隊伍。宴席開始之前，女方的嫂子們和

▼ 拜火成親旺門庭

弟弟妹妹們要鬧，為難男方的「賀勒莫沁」，主要是求名問屬等。這時有獻奶酒、對唱活動等內容。

（3）獻茶

求名宴後，開始獻茶，穿插演唱、勸戒歌、賀喜歌等，活躍氣氛。

（4）沙恩吐宴

係女方家的第二道宴。女方獻上為新郎新做的袍靴，新郎換裝。此時女方的嫂子妹妹弟弟們繼續要鬧難為新郎和伴郎，讓他們給嫂子和弟弟們點煙敬酒、唱歌等，也有用各種遊戲為難的。沙恩吐宴開始後，歌手唱告別宴歌，包括報宴歌、祝酒歌、論酒歌、贊沙恩、親家歌、姑娘的歌、額莫歌、報時歌等，一直延續到送親時辰。

（5）送親

報時歌催促人們起程，男方接親與女方送親人開始上路。雙方一路上歡歌笑語，還有搶新郎帽子、賽馬等活動。有的路上遇到敖包還要祭拜。迎親與接親隊伍快要到達男方家時，送親隊伍原地休息，讓新郎和伴郎先回到家。他們給家裡人報上送親隊伍的人數、車數，男女賓客的數量也都要詳細告之。然後，新郎伴郎回到送親隊伍處。他們圍繞送親隊伍逆時針繞三圈後，帶領送親隊伍直到進入男方家頭道門，男方的「賀勒莫沁」手持木叉（木叉上有三色或五色的哈達）堵在門口，與女方的「賀勒莫沁」進行頭門對歌，主要是從古至今的歷史、民俗等內容的問答以此來難為對方。這項程序結束後，男方親友把送親隊伍請到屋裡，並獻哈達和荷包。男方的歌手獻上賽馬歌、頭門歌、荷包歌等。

（6）婚儀

舉行婚禮典禮之前，女方還有一位梳頭媽，為新娘進行梳頭這項儀式，要唱勸嫁歌。男方的祝詞家要及時報拜天時辰，貫穿揭帷幕和演唱的活動有拜火歌、拜雙親、祝願歌。

最後，一對新人拜火、拜天、拜雙親，整個婚禮結束。

自古以來，郭爾羅斯蒙古族聚集的地方，民間始終保持著古老而又有民族特色的傳統婚俗。現代的郭爾羅斯蒙古族青年舉行婚禮時，雖然融入了許多時尚禮儀，如燃放禮花、鞭炮等，但仍以傳統習俗為主。蒙古族婚俗的分布主要集中在蒙古族聚居鄉鎮及村屯。其中，查干花、烏蘭敖都、烏蘭圖嘎、東三家子等鄉鎮是重點區域。這些地方的蒙古族群眾在舉行婚禮時，主要程序性禮儀有迎親、求名宴、獻茶、沙恩吐宴、送親，最後是結婚典禮。典禮主要有拜火、拜天、拜雙親。婚禮全過程中，還有勸嫁梳頭儀式、搶帽子娛樂、路上拜敖包等活動。

　　祝詞家是蒙古族婚禮的特殊角色，他們或用四胡伴奏或無伴奏，通過頌詞和演唱歌曲，營造婚禮的熱鬧場面。歷史上，郭爾羅斯湧現出了一批又一批祝詞家。比較著名的有寶音達賚、拉瑪扎布、特木爾巴根等民間藝人。寶音達賚在解放前已經是頗有影響的半職業婚禮祝詞家，他演唱的《蒙古族婚禮歌》在郭爾羅斯草原及科爾沁地區影響廣泛。二十世紀八〇年代初，他不幸病故。吉林省民間文藝家協會授予其「吉林省民間歌手」稱號。拉瑪扎布是郭爾羅斯前旗（今前郭縣）西部的花淖爾屯人，著名的婚禮祝詞家、歌手。與當地的布林巴雅爾等一批民間藝人一樣，較有名望。特木爾巴根是寶音達賚的傳承人，蒙古族翻譯家和民間藝人，《郭爾羅斯蒙古族婚禮歌》的翻譯者。一九九四年，由草原文化館出版發行的《郭爾羅斯蒙古族傳統婚禮習俗》一書，其核心內容就是記錄這部完整的婚禮歌曲。現在，挖掘和保護蒙古族婚俗已達數十年的寶音朝古拉、阿爾斯楞兩人被確定為該項目的省級代表性傳承人。

　　在前郭縣的社會文化建設中，郭爾羅斯蒙古族婚俗始終占有重要位置。為了保護郭爾羅斯蒙古族獨特的婚俗，前郭縣已制定並實施了保護計劃，重點是搶救、挖掘、整理郭爾羅斯蒙古族傳統婚俗，通過書籍的出版、發行，節目的編排、演出，傳承人的培訓、鼓勵青年舉辦傳統婚禮等等，使這項古老的民俗之花能夠綻放得更加豔麗。

查干薩日

　　郭爾羅斯有著特色濃郁的民族文化。民俗中包括獨具特色的過春節習俗，蒙古語稱為「查干薩日」，在民間流傳至今，影響較大。

　　郭爾羅斯蒙古族喜迎春節的查干薩日習俗，從遠古傳承至今，雖然所處的地理位置變遷、社會結構變化，但這種獨特的風俗習慣，始終得到世代沿襲，分布區域遍及郭爾羅斯蒙古族居住的每個屯落、家庭。

　　古代，蒙古族曾以草木紀年。即草木的黃綠週期為一年，因為每年的八月是草豐乳旺的最佳時期，因而視為第一月，稱「查干薩日」，傳說與奶食的潔白有關，含有祝福吉祥如意的意思。

　　在漫長的歷史進程中，蒙古族與北方其他民族不斷融合，又逐步改為以動物中的鼠、牛、虎、兔、龍、蛇、馬、羊、猴、雞、狗、豬等十二種動物名稱紀年。蒙古建國後，開始採用漢族傳入的干支紀年，後來還承襲了金朝大明歷。蒙古族最早的歷史巨著《蒙古秘史》就是用鼠年、兔年、雞年等十二生肖紀年。此法與漢族民間習慣紀年法雞年、狗年等相同，也就有了「火牛年」之類的稱法。

　　郭爾羅斯蒙古族民間對春節很重視，作為一年中最盛大的節日。蒙古人把一年的第一月，即正月稱為「查干薩日」，意為「白月」。「查干」係蒙古語，漢譯為「白」或「白色」；「薩日」是蒙古語音譯，漢意為「月」；「希恩吉樂」意為新年。因為蒙古人自古崇尚白色，把它作為吉祥的象徵，所以稱呼新一年的開始為「查干薩日」。

　　對查干薩日這一名稱，有多種不同的解釋，主要可歸納為兩種說法：一種意見認為，元世祖忽必烈在皇宮舉行新年祝祭時，所有參加者都穿白色衣袍，大臣及臣民互贈白色之物，連各地進貢給皇帝的春節禮品也是清一色的銀白駿馬，因此稱「白節」；另一種意見認為，古代蒙古人採用草木紀年，通常視草

豐乳旺的秋季為新年，即在農曆八月的第一天開始過新年，這個月的名稱叫「奶酪月」，蒙古人把奶酪叫「查嘎」，由這個詞派生的形容詞裡是「查干」即「白」的意思，於是，人們把歲首這個月稱為「查干薩日」。

郭爾羅斯遵循祖輩留下的過年習俗，形成有地域特色的春節習慣，喜度春節時間較長，有「慶小年」「度除夕」「迎初一」「鬧十五」「終二月二」的「查干薩日」習俗，延續至今。

郭爾羅斯在元朝後成為成吉思汗仲弟哈薩爾統領的部落，是最早開放接受漢族先進文化的部落。與漢族過春節的時間雖然相同，但過節的內容和方式不同，始終保持了具有自己民族特色的風俗。傳承至今，郭爾羅斯蒙古人過春節即查干薩日的習俗從臘月二十三延續到二月初二結束。

人們在臘月十五以前就把牛羊豬宰好。蒙古人視火為聖，自古沿襲祭火習俗。古代，郭爾羅斯蒙古族人在新年之前、臘月之末舉行祭火大禮。近代，蒙

▲ 查干薩日祭地

古族與各民族的習俗融合，逐步確定為臘月二十三祭火，並拉開查干薩日習俗的序幕。這一天被稱為「送火神」上天之日。當日早飯後，人們開始打掃庭院，粉刷牆壁，晚上滿天星斗後開始祭拜火神上天。用蕎麵做成香爐狀，用草原的紅毛公草（類似蘆葦）包上棉花作為香爐的燈芯，香爐中倒滿黃油，點燃燈芯。在灶坑口點燃一堆火，把準備的供品「查干伊德根」，即黃油、炒米、奶製品、紅棗、紅茶葉、白酒等，逐一祭灑在火堆中，並在灶坑口的上沿邊抹黃油，然後跪拜禱告：「叩首跪拜火神靈，無災無難佑門庭，五穀豐登六畜旺，生活美滿天地長。」意在願火神上天說好話，保佑全家安康。農曆臘月二十三至三十這七天之中，人們停止其他祭祀活動，認為各路神都上天了，無神的人間放假休息七天。

按照習俗，蒙古族過春節要拜兩次年，一拜在臘月三十，辭舊拜年，二拜在大年初一，迎新拜年。農曆臘月三十謂除夕，年終歲尾辭舊歲，歡樂氣氛尤為濃郁。在當日的早上太陽出來之前，家家戶戶炊煙裊裊，鍋中放滿了大塊牛羊肉。煮熟後，首先拿出「德吉」備用於祭祖。另取兩塊最肥的肉，一塊吃飯前祭灑向四面八方，供奉各方神靈，請求保佑全家平安。三十這一天吃早飯時，請長輩入上座，家裡的人給長輩拜年磕頭敬酒。長輩給晚輩祝福。飯後，人們穿上節日的盛裝，開始貼對聯，掛燈籠，並給屯裡有威望的長輩拜年。吃晚飯前，要舉行「燒吐列希」，即祭祖儀式。人們拿上祭品，在一個平坦開闊的地方，為先祖燒紙奉供祭拜。祭拜時不斷的說祝詞。飯後，孩子們提著燈籠玩耍，親人們相互串門拜年。全家團圓聚會，進行玩嘎拉哈、下鹿棋、聽蒙古琴書等娛樂活動。家家戶戶燈籠高掛、燈火徹夜通明，不得吹滅燈火，在碾坊、倉房等地方都點燃燈燭，意在光明普照。

大年初一，過年的歡樂氣氛達到高潮，凌晨（3-5點），主婦們開始煮餃子，男人選好今天的吉祥方位，走一百米不回頭。回來後開始祭天（迎長生天），院中擺上祭桌，桌上擺放祭品，有生豬頭、豬蹄、奶製品等，點燃九柱香和九杯酒，在祭桌旁點燃一堆柴草，把煮熟的餃子，用紅筷子一夾兩半，敬

▲ 查干薩日祭天

灑給四面八方的神靈，在窗檯、門頂、衣櫃等地方放上一個整個的餃子和一塊肥肉。然後，家中的主人帶領全家在祭桌前跪下，先向南面跪拜，然後拜其他方向，放鞭炮。飯前先給長輩磕頭拜年，長輩給晚輩祝福，賞壓歲錢，按照家中輩份年長的順序依次跪拜，吃大年初一的餃子。飯後換上新裝給村裡的長輩親屬拜年，整個拜年持續一天，如有人過本命年，則要穿上紅襪子，繫上紅腰帶。正月初二早上吃餡餅，遠方的親屬、出嫁的姑娘回門拜年。

從初一到十五，不論大人小孩都盡情歡樂，這一階段主要是探親訪友拜年問候。郭爾羅斯蒙古族在與滿族、錫伯族等其他少數民族的交流和融合中，還有了正月十六抹黑臉，二十五、二十六填倉滿倉，二月二龍抬頭日之習俗，這三種習俗都與農事有關，抹黑臉意為莊稼不得黑穗病，填倉滿倉祈求當年五穀豐登糧滿倉，二月二這一天不套車，不磨米意在萬物復甦，祈求一年風調雨順。至此，歡度「查干薩日」全部結束。

查干薩日習俗的主要特徵包括：

（1）蒙古族過春節分「送舊」和「迎新」。臘月二十三要先打掃衛生清潔庭院，到傍晚要「祭火」。蒙古族認為「火」代表著一個家族的傳宗接代、興旺。燒完祭品後，全家進餐。有的把剩餘祭品送給附近親友吃。該習俗具有古老薩滿宗教的色彩，自古沿襲至今。

（2）年三十是最熱鬧的一天，全家人換上新裝，舉行祭祖、供佛、甚至祭家或村的敖包，還有全家歡聚吃團圓飯、互相拜年、表演歌舞玩遊戲等一系列活動。初一最主要的活動是親朋好友相互走訪拜年，獻哈達和酒。不分男女相見互問：「新年好」「過年好」。

查干薩日習俗具有極其重要的文化價值和社會價值，具體包括：

（1）民族文化價值。蒙古族崇尚白色，信奉長生天，均以祭祀神佛、祭奠祖先、除舊布新、迎新接福為歡度查干薩日的主要方式，達到祈求一年五穀

▲ 查干薩日祭祖

豐登，六畜興旺，充分洗禮人們的心靈。郭爾羅斯蒙古人是最早開放接受漢族先進文化的部落之一，長期與漢族接觸的過程中，融入一些漢族的習慣，從而促進了民族團結。蒙古人過春節從臘月二十三至二月初二，時間較長，每天的生活程序清晰，是一部很好的文學腳本。

（2）社會禮儀價值。蒙古族查干薩日習俗充分體現了尊老愛幼的傳統，營造了歡樂祥和的家庭氛圍，對構建和諧社會起到了積極的促進作用。

蒙古族禮儀

蒙古人不僅淳樸彪悍，而且非常講究禮儀。茫茫草原，常常幾十里、幾百里沒有人家。遠行人飲食、居住都需要得到幫助，於是從遠古一直把關心他人、幫助他人、禮貌待人作為每個人都要嚴格遵循的禮俗沿襲至今。《蒙古秘史》中就有許多關於禮俗的記載。解放前後，蒙古族日常生活中的禮儀習俗主要有以下方面。

以西為大

蒙古族自古有「以西為大，以長為尊」的習俗。七世紀以後，蒙古部落從額爾古納山林走出來，渡騰汲思海（今呼倫池）西行，到了孛兒罕山（今肯特山）東麓的斡難河、客魯漣河沿岸游牧。從這個時候起，位於西方的孛兒罕山就成了蒙古人祭拜的聖山。成吉思汗每每把帶子搭在肩上，把帽子夾在腋下，合十俯首，向孛兒罕山行九叩頭，乞求助佑。以西為大，就從這時開始的。

以西為大，主要表現在佛龕、祖像、墓地的方位和房間、坐席的位置上。蒙古人的佛龕、祖像都要供在氈包或房屋的西北角上；墓地也是以西為大，按輩排列；房屋（包括氈包）及坐席也都以西為大。蒙古族人民無論在自家，還是到別的家庭做客，都十分注意輩份。住房，長輩要住西間。客人來了，不能坐在西炕上，客人吃飯時，客人要以禮請本家長者入席，而且長者要坐首席。

主人客人要徹夜長飲時（飲酒或飲茶），年輕的媳婦既不能回房睡覺，也不能到會客間裡來，只能站在會客間門外，聽候呼喚，隨時應聲進屋添酒、添茶、續水。這一切都被視為主人的家教。來了客人都要迎出門外，還要囑咐家人監管狗。主客人相見，晚輩要向長輩屈右膝請安。客人由主人陪同走到門前，主人站在蒙古包或房子門外西側，右手放在胸前，俯首微鞠，請客人先進。客人要把馬鞭放到門旁，不能手提馬鞭進屋。蒙古包內，對著包門的正面為上坐。其右方為婦人席，左方則為一般客席。客人如比主人輩份高，主人要

讓出自己的座位，請客人坐正座。客人輩份比主人低則不能坐正座。客人走時，仍要以禮相送。

敬茶、敬煙

敬茶、敬煙是蒙古族接待客人的重要禮俗。

敬茶，蒙古族飲茶風俗盛行於元朝以後，明清時幾乎普及到每個家庭。牧區、半農半牧區多為奶茶，農業區多為紅茶。

敬煙，解放前多為鼻煙。到蒙古族家庭做客時，殷勤好客的主人常常拿出一個非常精緻的小扁瓶給客人嗅一嗅，或者客人從「瓶」中倒出一點「粉末」，用手指捻搓後用鼻吸入，這瓶就是鼻煙壺（呼呼爾）。

隨著黃煙、紙煙的盛行，吸鼻煙的逐漸減少了。在東部地區蒙古族中，到二十世紀五〇年代中葉，鼻煙已基本絕跡。

解放初，在民間，老年人多吸黃煙，黃煙又名葉子煙。農村老人還使用煙袋。客人來了，主人取過客人的煙袋裝上自家的煙給客人吸，客人也取過主人的煙袋裝上自己的煙回敬。

獻「德吉」

蒙古族把進餐時的第一口稱為「德吉」（即首杯、首箸、首口之意）。吃菜、喝酒和飲茶的第一口，也被稱為「德吉」。

「德吉」有「獻德吉」和「要德吉」兩種。蒙古族家庭裡來客人進餐或者飲茶，多是年輕人把第一杯酒獻給客人，吃飯、吃菜也是請客人先動筷吃第一箸。這就是獻德吉（蒙古族稱之為「德吉烏日根」）。

假如來客是年輕人，當他接「德吉」後，也不首先自己享用，而是請本家長者享用，給長者斟酒、倒茶，在這裡可以看出人的教養和尊長美德。

在自家吃飯或用茶時，也總是請長者先動筷，先吃、先飲。如小孩晚輩無知在進餐時搶先動筷，就要受到父母或長者批評：「怎麼，你先要德吉了！」

節日時，有的家庭則是將「德吉」獻於已故的長者遺像前，以表示對死者的懷念和尊敬。

郭爾羅斯薩滿「博」

蒙古族稱薩滿為「博」，也稱「勃額」。「博」是蒙古族因自然崇拜而產生的原始信仰，屬北方少數民族信奉的古老宗教——薩滿。郭爾羅斯蒙古族薩滿「博」歷史悠久，源遠流長，其祭天儀式是當地漁獵游牧民族崇拜自然、祈天降福的一種民間習俗。

自古以來，蒙古人信奉「長生天」（意為「蒼天」），對天地非常崇敬。蒙古語稱天為「騰格里」，把天稱為「慈悲的父親」，把大地稱為「仁愛的母親」，凡事都要向天地祈求，保佑平安。蒙古人認為天有天神，賦予生命；地有地神，保佑人畜平安。天神、地神都格外受到尊崇。由敬而拜，蒙古族世代沿襲著祭天活動。

古代，蒙古族祭天時要樹起兩根神竿（蒙古語叫「瑪尼桿」），即高約五米左右的樺木或鬆木圓桿，頂端安有鐵製長（神）頂。神竿之間拉起一條繫有紅、黃、藍、白、綠五面彩旗的馬鬃繩。祭祀時，要灑馬奶、穀物，跪拜「長生天」，祝頌並祈禱所求之事。後來，蒙古族人民在日常生活中都要對「長生天」表示敬意。

每逢節慶或宴請親朋，在舉杯祝酒、食肉時，都要先敬天。

蒙古族信仰者視薩滿「博」為「長生天」的使者，薩滿「博」興起後，郭爾羅斯以及其他許多蒙古族地區每年舉行的祭天活動，都由「博」主持，並按照蒙古薩滿習俗進行。

前郭爾羅斯蒙古族群眾信奉的薩滿「博」，具有神祕、神奇、古老的原生態特性，成為郭爾羅斯民族文化珍貴遺產的重要組成部分。在郭爾羅斯的民間，人們把男薩滿稱為「博」，女薩滿稱為「亦都干」，民間統稱為「博」，對其活動稱為「行博」。行博活動主要有祭祀、占卜、行醫等，甚至涉及草原生產、生活的各個方面。郭爾羅斯「博」的活動內容主要包括祭天、祭湖、祭

祖、祭敖包，也有少數為民眾驅邪治病。各種祭祀活動都有不同的內容，但主要程序以祭天最為典型。

歷史上，郭爾羅斯「博」對科爾沁、呼倫貝爾等蒙古族地區的「博」都有較大的影響。按照蒙古古部落延續的稱謂，各地的人們將這裡的薩滿稱為郭爾羅斯「博」。郭爾羅斯「博」有一個神祕的傳說。相傳，在唐太宗李世民東征的時候，率領幾十萬兵馬橫渡一個大海，由於風大浪急，幾十萬兵馬幾乎全部葬身於大海之中，李世民看到將士死的屈，於是，將死去的將士靈魂封為「翁古達（小銅人）」，把將帥之靈封為「浩布克泰阿布」。「浩布克泰阿布」是蒙古語音譯，即「博」對祖師的尊稱。因此，民間一直有「浩布克泰阿布」是郭爾羅斯及科爾沁「博」祖先的說法。郭爾羅斯蒙古「博」的唱詞中唱道：「浩布克泰阿布是我們的祖先，神鼓是我們的聖經，翁古達是我們的駿騎，翁古達的使者是我們。」在前郭縣查干花鎮查干花泡東南的「達吉道堡」坨子上曾有

▼ 博舞

一棵「神樹」（蒙古語稱謂為「尚神毛都」），相傳，這是薩滿教先祖「浩布克泰」和「博」的「翁古達」會聚和棲息的地方，是蒙古族地區歷代薩滿「博」的朝拜聖地。該「神樹」於「文革」期間被毀。

郭爾羅斯蒙古族薩滿「博」祭天儀式流傳至今已近千年。現在的主要分布區域是前郭縣的蒙古族聚居地區，以西部的查干花、烏蘭敖都等鄉鎮為重點，同時在南部的哈拉毛都、北部的八郎、長山等鄉鎮民族村屯也有分布。二〇〇九年五月，查干花鎮蒙古族女薩滿鮑玉貴、陳十月兩人被確定為該項目的省級代表性傳承人。

郭爾羅斯蒙古族薩滿「博」祭天儀式通常在水草豐美的八九月份舉行，農曆九月初九是固定的祭天日。此外，「博」在祭祀活動中也行醫，為群眾治療疑難雜症。

郭爾羅斯蒙古族薩滿「博」祭天儀式的主要內容可分為三個階段。

首先是祭天的準備階段。一般選擇較大的院落，在戌時以後舉行。主祭品必須選擇膘肥體壯沒有受傷的公羊或公牛（大型祭祀活動用牛）。宰殺前，將羊牽至室內的「翁古達」前，薩滿擊神鼓對其催眠，唱宰殺祭詞。宰殺時，要在其腹部中間位置割開約十釐米長的口子，以手伸入腹內拽斷動脈，做到血不外流。然後將全羊（牛分割為六大塊）用大鐵鍋煮熟，供放在院內的祭壇上。同時，點燃九燭香、九樽酒，並擺放其他供品。

其次進入祭天的頌詞過程。主持儀式的主薩滿「博」帶領徒弟或伴博者，高聲頌讀九十九重天尊號，籲請降臨享受供品。

第三階段是祭天儀式結束以後，眾人聚餐，分享祭品，參加者不分貴賤，平均分享祭天供品，互相交流感受。最後，剩餘的骨肉、湯及各種垃圾，無論多少都要埋入土中，不能留用。表現了蒙古人極強的環保意識。

郭爾羅斯薩滿「博」行博時所用的用具和服飾主要有：

（1）盔冠（帽子）。「博」頭戴的盔冠是用銅器鑲刻而成。盔冠正面鑲有五個大約寬一點五吋，高七吋的呈椎圓形的銅板，每個銅板上都鑄刻有各種圖

案。正中間的銅板上是一個人頭像，按照「黑博」「白博」的不同分別刻有唐太宗李世民、成吉思汗、如來佛的人頭像。其他四個銅板上鑄刻有仙鶴、麒麟等吉祥物圖案。在正面的三個銅板的上面立有三個九吋長的銅柱，銅柱上鑲有樹葉形狀的銅片，銅柱頂上都鑲有展翅飛翔的銅鷹。盔冠的腦後繫有80公分長的五顏六色的九條飄帶，主要有紅、蘭、白、黃、綠等顏色，但不能有黑色，因為黑色是蒙古「博」的禁忌之色。盔冠內有一個圓形布帽，它的前面用黑布條（也有用紅色布條）繫垂，如同女人的劉海，長約七公分，以擋住眼睛為宜。

（2）盔甲（法裙）。「博」的盔甲稱為「阿拉嘎德勒」（漢譯為花衣）。是用五顏六色的布條繫結而成，長三尺。上身穿花衣服，腰圍黑色鑲邊的紅法裙，在阿拉嘎德勒外邊圍上綢緞腰帶，腰帶上繫有用牛皮串起來的九面銅鏡，鏡面上鑄刻有屬相動物或四大金剛畫像，中間的大銅鏡直徑為七吋，從中間往兩邊排列越來越小，最小的直徑為三吋，腳穿繡花綢緞靴子。

（3）神鼓和法鞭。鼓是單面圓形鼓，多數用鹿皮、羊皮蒙製，鼓的把手上繫有彩色綢條，手柄下有三個鐵圈，每個鐵圈上各繫有三個小銅鈴或鐵環，法鞭是用藤子和硬木製成如同寶劍形狀，尾端上繫有彩色綢條。

（4）銀劍。長短不一，在劍柄上繫有彩色綢條。

（5）翁古達（小銅人）三十六個。

歷史上，在郭爾羅斯影響力較大的「博」主要有以下幾人：

敖特根：蒙古族，生歲卒年不詳，郭爾羅斯大老爺府（今前郭縣烏蘭圖嘎鎮）人，是近代著名的蒙古族「博」。

呼和少布：蒙古族，生於一九一三，卒於一九八七年。漢名王玉山，出身「博」世家，其曾祖父、祖父和父親都是「博」。原籍為內蒙古科左後旗，後遷至前郭縣烏蘭敖都鄉花淖屯。師承其父海青「博」。目前，前郭爾羅斯年紀最大的青春「博」是他的弟子。

此外，還有麻代、阿拉塔、青春等幾位著名的蒙古族薩滿傳承人。其中，

阿拉塔是前郭縣查干花鎮孫家窩棚人，因嗓音較好而被群眾稱為「查干額勒」（白鷹），他所演唱的博曲被載入了《中國民歌集成吉林卷》。

　　由「博」主持的大型祭天儀式，對那達慕、祭敖包、祭祖、祭湖等傳統民俗活動，產生了廣泛影響。喇嘛教傳入郭爾羅斯後，薩滿「博」逐漸衰退，但民間一直有傳承活動。由古至今，郭爾羅斯薩滿「博」祭祀在前郭爾羅斯的蒙古族聚居地區已形成了獨特的民俗活動，每逢大型活動或特定日子，所有薩滿「博」和民眾一起舉行祭天、祭祖等多種祭祀活動。薩滿「博」在行博中使用的服飾、用具都獨具民族特色和地域特點，其中，神鼓、鼓鞭、銅製頭飾在民間較為稀少，銀劍、銅鏡、翁古達更是罕見，居住在查干花鎮昂格賚村，現年71歲的青春「博」，存有一整套服飾和法器，是比較珍貴的民俗文物。祭祀所用祭品有牛羊、奶製品、哈達、酒等。祭祀儀式的場所分為室內和室外。祭祀的主要人物是薩滿「博」。他們一人一鼓一鞭可走天下，具有簡樸特徵。

▲ 薩滿祭祀

郭爾羅斯「博」是傳承近千年的蒙古族特有民俗文化藝術，具有著濃郁的地域特點和民族特色，體現了不可替代的重要價值。郭爾羅斯薩滿「博」祭祀是蒙古族最為古老的原生態民間信仰，堪稱研究蒙古族薩滿「博」祭祀的最好版本，其祭天儀式是蒙古族古老宗教祭祀中具有代表性的活動之一。雖然史書記載甚少，但是在元朝時就已經形成了自己的風格。在成吉思汗出征打仗、勝利、助興的現場，都有薩滿「博」來主持祭祀活動，甚至成為蒙古國師。「博」的舞蹈動作，對安代舞等民族舞蹈產生了深遠影響。唱腔、曲調更是研究蒙古族民俗文化的豐富素材，對烏力格爾、好來寶、民歌等蒙古族民族文化藝術的傳承、發展具有特殊價值。在郭爾羅斯薩滿「博」祭天儀式的傳承中，對蒙古族的那達慕、祭敖包、祭祖、祭湖等傳統的民俗活動，產生了較為廣泛的影響。具有現代特色的各類大型文體活動，也借鑑了流傳近千年的郭爾羅斯薩滿「博」祭天儀式。由於郭爾羅斯薩滿「博」各種祭祀儀式歷史久遠、莊嚴神聖，潛移默化地影響了當地群眾崇尚自然，愛護環境的生態意識。郭爾羅斯薩滿「博」祭祀的服飾、法器、用品以及祭天的古老程序和祭詞、曲調、舞蹈等豐富的內容和形式，是研究古代北方少數民族的歷史文化、風俗習慣的重要依據，具有不可替代的特殊價值。受郭爾羅斯薩滿「博」祭祀儀式的影響，當地游牧、漁獵、農耕三種生產方式及民俗文化相互碰撞、相互交融，共同創造了獨特的郭爾羅斯文化，孕育了郭爾羅斯精神，對本地區的政治、經濟、社會、文化的繁榮發展起到了較大的促進作用。

　　多年來，前郭爾羅斯各級政府和廣大文化工作者、薩滿學者高度重視，堅持挖掘、整理和保護這項獨特的民俗文化遺產。一九八六年，吉林省藝術研究所和前郭縣草原文化館，在東三家子鄉採訪了郭爾羅斯薩滿「博」的傳承人——青春「亦都干」，並通過錄音、錄象、拍照，把她的行博的全過程紀錄下來。一九九八年，在查干花鎮達爾罕屯，前郭縣的文化工作者採錄了時年已七十五歲的仁欽過九關收徒弟的全過程。並對他在九月初九當天的祭天、祭祖等各種儀式進行了詳細採訪和記錄。一九九八年，草原文化館館長寶音朝古拉

蒐集整理的《科爾沁薩滿「博」研究》一書在中央民族出版社出版發行。二〇〇二年，縣草原文化館的文化工作者在前郭縣查干花鎮伯音花村孫家窩堡屯對張美榮、包傑、張龍梅等薩滿「博」的傳人進行了詳細採錄，留下了寶貴的資料。二〇〇五年，前郭縣文體局、廣電局的工作人員在查干花鎮哈爾金屯對青春「亦都干」的「黑」「白」兩種行博方式及祭祀儀式進行了全程錄像、照相，又一次搶救性保留了珍貴的影像資料。二〇〇六年農曆九月初九，文化工作者又在查干花鎮胡家圍子屯，對郭爾羅斯薩滿「博」祭祀行博儀式進行了全程採訪和錄製。二〇〇六年冬季開始，前郭縣在每年舉辦的查干湖冰雪漁獵文化旅遊節上，都會組織郭爾羅斯薩滿「博」舞蹈及祭湖儀式，這也成為前郭文化活動的新亮點。目前，前郭縣在城區和查干湖旅遊區建設的兩座博物館內，都收藏著郭爾羅斯薩滿「博」的全套服飾、法器及其他用品、用具，向世人展示了郭爾羅斯薩滿「博」的神祕、神奇、神聖。

祭敖包

敖包，也記作「鄂博」，意為「堆子」。祭敖包是蒙古族人以敖包為崇拜物的公眾祭祀活動。

史載，元興朔漠，代有拜天之禮。成吉思汗早期被篾兒乞惕人追捕時，隱匿於孛兒罕山中，三百篾兒乞惕人繞山三圈未能捕獲而離去。成吉思汗幸而脫險，回到孛兒罕山說：孛兒罕山保住了我的性命，我將每年祭之，每月禱之，讓我的子子孫孫都知道這件事。說完，即「掛其帶於頸，懸其冠於腕，以手椎膺，對日九拜，酒奠而禱。」世祖忽必烈曾制典：皇帝及蒙古諸王，每年必須祭名山大川。蒙古人走出山林，游牧於遼闊的草原無山可祭，便「壘石成山」謂之敖包，並將其「視之為神」。另據《大清會典》載：「蒙古」游牧交界之處，無山無河為志者，壘石為志，謂之敖包。人們把敖包稱為草原上的指南針。後來，凡是攜家帶眷到一個新地方居住，而那個地方還沒有敖包的話，那麼他們所要辦的第一件事，就是去請孛額喇嘛為自己指定修敖包的地方，在那裡堆一堆石頭，形圓而頂尖，冢形，其中埋入一個小匣子，匣子裡裝有用藏文書寫的經書、護符、馬鬃或五穀等。同時在石頭中間立起一根帶有日月圖案或蘇勒德（帶有三個叉子的矛）的立柱，上面掛上許多絲綢小旗，小旗上寫有經文。

在祭敖包前，蒙民們先將敖包清理整修一新，給敖包頂上插滿新鮮的樹枝，給蘇勒德之間換上鮮豔的五色風馬彩旗，營造出一種既莊重嚴肅又歡快熱烈的節日氣氛。一切準備就緒之後，主持祭祀的喇嘛們身披袈裟，手持法器進入場地，在敖包的正南面擺上幾張木質供桌，點燃四支蠟燭，在供桌與敖包之間燃起篝火，將藏香、奶酒、酥油、奶乾等供品放到火中一起焚燒。這期間，主祭喇嘛將事先準備好的供品擺放在供桌上，有各種水果、奶酒、奶茶、奶乾、製熟的全羊。待藏香等燃燒一段時間後，主祭喇嘛端坐正位，兩位小喇嘛

列坐於兩旁，鳴法器，面對敖包誦經。經文內容是感謝大地山川為草原帶來的豐收和吉祥，祈求神靈保佑風調雨順，降福於民，以及對美好生活的祝福和希冀。

誦經的同時，由一名喇嘛有間隔地向敖包敬酒，敬酥油茶，參加祭祀的蒙民們也自發地隨著喇嘛們誦經，所誦經文都是自己的某種乞求或祝願。待誦經結束，喇嘛們站起身來，由主祭喇嘛在前，蒙民們結隊跟在後面按順時針方向繞敖包三週，邊行邊誦經，並把奶酒、奶茶等供品灑到敖包上。繞行三週後，由喇嘛及蒙民們將手中的哈達獻到敖包頂部的蘇勒德上。主祭喇嘛回到供桌旁，收起經文、法器，人們湧過來搶食供品，祭敖包活動便宣告結束。

▲ 祭敖包

跳查瑪

查瑪是藏傳佛教寺廟舞蹈，漢譯為「打鬼」「跳鬼」的意思，原是一種民間舞蹈藝術，後被藏傳佛教吸取，並注入佛教內容，成為寺廟舞蹈。它最早起源於印度。相傳，印度王國興建日光塔時，有一頭大象因一直搬運木料、石頭等建築材料有功，但在落成慶典的大法會上，所有做出貢獻者都予以了祈禱，共享吉祥，唯獨忘記了大象。大象憤怒了，用力撞到了塔的一角而死。僧侶們大驚，卜卦得知，大象含冤，來世必然報復。故此，制定了「查瑪」法會以鎮邪除魔，保護吉祥太平。

關於查瑪，還有一個傳說。佛教傳入西藏，在西藏建造第一座寺廟桑耶寺時，四面八方的鳥獸都來幫忙，其中有一頭大青牛出力甚大。可是，寺廟建成後，在慶功會上卻漏掉了大青牛。於是，大青牛氣憤地對天怒吼之後，撞倒廟台死去。大青牛死後托生了人，他就是吐蕃王朝時三大法王之一赤熱巴中的哥哥達瑪。他繼弟的王位後，下令殺戮僧侶，拆毀寺院，焚燒經書，佛教面臨滅頂之災。這時，有一個智能超群的英雄，名叫巴拉道爾吉想出了跳查瑪除暴君的辦法。他頭戴面具，身穿黑色袈裟，袖中暗藏弓箭，天天在皇宮附近跳舞，他優美的舞姿使圍觀的人讚不絕口。消息傳到達瑪耳裡，他也想看看這個奇怪的僧人美妙舞姿。於是，他傳旨巴拉道爾吉到皇宮樓台下來跳。巴拉道爾吉越跳舞姿越美，越跳越接近樓台。達瑪不知不覺被優美的舞姿所吸引，身體便探出樓台，巴拉道爾吉趁機取出袖中的弓箭射死了達瑪。他射死達瑪後，摘下面具說，風可鎮壓龍王，佛可壓鬼驅邪。同樣，我也可以殺死罪惡的皇帝達瑪。後來，人們為了紀念這個復興佛教的英雄，每年都在寺廟跳查瑪，旨在「打鬼驅邪」「拔除不祥」。就這樣，查瑪便流傳下來了。

查瑪在蒙古族中的興起，源於宗喀巴創建的格魯派喇嘛教的傳播，是蒙、藏宗教文化藝術相結合的產物。查瑪始傳於蒙古土默特部首領阿剌坦汗

（1570-1582年），於一五七六年遣使至青海迎請三世達賴喇嘛之後。一五七九年明萬曆皇帝欽定在今呼和浩特建立內蒙古第一座黃教大寺——大召寺。為慶祝大召寺落成，迎請活佛到此坐禪，從青海請來高僧傳播查瑪並進行表演。

　　一六四五年，郭爾羅斯草原上建成了第一座寺廟「德壽寺」，約在一六五八年前後，北京「雍和宮」的一位喇嘛來郭爾羅斯傳授查瑪但沒有跳開，只是製作了面具和道具。後來，清朝統治者為馴順蒙古族，撥巨款在阿拉街建成「崇化禧寧寺」，俗稱「阿拉街廟」，並將此廟定為旗廟。於是，便把「德壽寺」能跳查瑪的喇嘛連同面具一起遷移到了「崇化禧寧寺」。查瑪遷移到「崇化禧寧寺」後，跳查瑪的規模不斷擴大，整個郭爾羅斯五個大小寺廟都有不同數目的跳查瑪人員，此外，還有樂隊伴奏唸經的喇嘛若干人，跳查瑪的日期固定每年舉行兩次，為正月和六月的十四、十五兩天。每逢廟會跳查瑪，人們便從四面八方來到「崇化禧寧寺」拜佛、看跳查瑪，農牧民們對喇嘛跳查瑪的高超技

▼ 查瑪舞

藝讚不絕口。

查瑪的種類有「依和查瑪」（大查瑪）、「巴格查瑪」（小查瑪）、「彌勒查瑪」等。

查瑪的主題是鎮邪除魔，傳播佛教的普渡眾生，改惡從善，促成太平盛世的思想。據說，這些上場表演的奇形怪狀的角色，就是曾大鬧人間的精靈，後被佛教點化皈依，反過來因驅鬼除魔有功而成神。

查瑪的表演者身穿各式各樣的服裝、頭戴特製的牛、鹿、鷹、羊、鬼臉、蝴蝶、黑白無常等面具登場表演。伴奏的均是吹打樂，樂器有寺廟大號、羊角號、螺號、嗩吶、鼓和大鈸。道具有兵器和旗旛、羅、傘等，都是根據劇情和角色的特點製作的。

二○○二年，由前郭縣組織表演的「依和查瑪」共分十一場，上場表演人數三十七人、樂隊十人。情節完整，表演細膩，堪稱一部精美的舞劇。

第一場：達茹哈（黑帽舞、菩薩舞）。

該場表現了度母菩薩降臨人間普察民情，時遇大旱，邪魔作怪，傷害百姓，度母大發慈悲，喜降甘露，普渡眾生。

第二場：拉哈母（吉祥天母）。

度母菩薩不慎將寶珠丟失人間，吉祥天母奉佛旨找回寶珠，並把吉祥灑向人間。

第三場：阿修羅（飛天使者）。

飛天使者奉菩薩旨意，招集天地各路神仙到人間驅邪除魔。

第四場：貢布（六臂護法神）。

六臂護法神貢布奉菩薩旨意來到人間，發放錢糧，救濟百姓。

第五場：額爾布亥（蝴蝶神兵）。

蝴蝶神兵舞動雙翅，飛到人間，查找邪魔。

第六場：都吉扎拉布（圖羅護法神）。

圖羅護法神奉旨施法與邪魔展開大戰，收復精靈，抓住邪魔。

第七場：寶格瑪赫（鹿、牛二神）。

鹿、牛二神謹尊佛旨，處死邪魔鬼怪，為人間除害。

第八場：浩邁（骷髏二使）。

骷髏二使奉旨丈量收回的土地，分給百姓。

第九場：達茹哈額吉（度母菩薩）。

度母菩薩再度來到人間，查看除去邪魔後人間的太平景象。

第十場：嘎茹迪（大鵬神鳥）。

大鵬神鳥飛降人間四方，斬盡漏網邪魔，保人間太平。

第十一場：依和查瑪（大查瑪）。

依和查瑪眾神除盡人間邪魔，歡慶勝利，祝人間太平吉祥。

查瑪從西藏傳入郭爾羅斯草原已有三百多年歷史，它是藏、蒙人民智慧的結晶，也是中國民族文化寶庫中的瑰寶。

▲ 大型查瑪舞表演

查干湖風情宴

「查干湖風情宴」是前郭縣江南賓館結合地方和民族特點潛心設計的一台形、色、香、味俱佳的特色名宴。「查干湖風情宴」由六道涼菜、六道熱菜、一道湯菜、二道主食組成。涼菜的花擺造型以風光秀麗的查干湖為主調，突出了北國大湖所特有的蒲葦輕拂、粉荷競豔、鶴翔鳥鳴的自然景觀與生態特色，象徵健康與長壽；熱菜品種以郭爾羅斯濃郁的民族風情為主調，將蒙古族傳統的餐飲文化與現代的烹飪技藝有機結合，以查干湖特產鮮魚、郭爾羅斯大草原特產羊肉為主料，突出民族特色與地方特點，不僅色香味美，而且造型別緻，令人食之回味無窮。

「查干湖風情宴」在中國第三屆美食節上技壓群芳，共獲整體和單項七項金獎。「查干湖風情宴」被評為中國名宴，前郭手把羊肉、查干湖魚頭、鮑汁扒魚和前郭烤羊腿被評為中國名菜，前郭餡餅和千層餅被評為「中國名點」。

▲ 查干湖風情宴

烤全羊

　　烤全羊，蒙古語稱為「昭木」「好尼西日那」。烤全羊是蒙古族宴席中最講究的一道特色菜。做法是將羊宰殺後，去除內臟，清洗乾淨腹腔後，內放各種香料，把整隻羊放入炭火爐中微火熏烤，出爐入爐，前後翻轉，反覆多次。烤熟後，將周身金黃的整隻羊放在大木盤中，由兩人抬入宴會廳，繞場向賓客獻禮展示，然後再抬回灶間，交廚師刀解若干大塊置於菜盤之中端上宴席餐桌，用餐刀、竹筷撕塊蘸鹽食用，其香濃沁脾。烤全羊不僅色、香、味、形俱全，風味獨特，而且製作過程非常隆重，對待賓客有極高的禮節性。

▲ 烤全羊

全羊席

　　全羊席又稱「全羊大筵」，盛行於清代康熙年間。全羊席這一具有獨特風味的宴席是蒙古族在古代逐漸形成並流傳至今的一種最豐盛、最富民族特色的宴席，是經歷了幾百年的技藝演進和飲食經驗積累的結晶。「全羊席」以一體之物，烹製出七十餘種菜餚，形色不同，口味各異。「全羊席」的菜名都非常別緻，七十六道菜，菜名均不露「羊」字，如以羊眼做的菜名為「玉珠頂」，以羊腦做的菜名為「燴白雲」，以羊百葉做的菜名為「素菊花」等等，以不同部位的羊肉做的菜也都有不同的名稱，如「櫻桃紅腐」「清燉百合」「酥燒枇杷」「五香蘭肘」，還有「吉祥如意」「滿堂五福」等祝福吉祥的菜名。

　　「全羊席」不僅菜名高雅、菜品豐盛，形、色、香、味俱備，煎、烹、炸、爆、煮、蒸、燉俱全，而且上菜的程序也非常獨特，必須是以羊頭菜為首，菜品上桌按四四盤碗編組，輔以諸色點心及各道主食，使「全羊席」不但色香味美、營養豐富，也極顯高貴與豐盛，極具民族風味。

剒生魚

　　「剒（cuò）生魚」是一道深受人們喜愛的查干湖名菜。「剒生魚」多選用二斤以上的黑魚為主料，鯉魚、狗魚也可入選。將選用的鮮魚去掉鱗和內臟後

▲ 精選鮮魚

剝皮，將肉剒下（用刀向前推切謂之剒），切成細絲，用醋浸泡，直至肉絲變成白色，將肉絲與焯好投涼的綠豆芽、菠菜等配料放在一起，再輔以芝麻醬、海米、辣椒油、食鹽、味精、米醋、蒜沫、薑絲等作料拌勻，食之格外爽口鮮美。

　　「剒生魚」這道名菜由來已久，而且地域也不限於查干湖和松、嫩兩江一帶。相傳金太祖完顏阿骨打一次設宴款待使節，貪杯微醉，御廚怕太祖酒醉失態，想到米醋、生魚能解酒，便做了一盤剒生魚，太祖食後不僅清涼爽口，而且酒意盡消，連聲誇讚，從此「剒生魚」就成為女真族的一道名菜。「剒生魚」不但對魚的品種、大小、鮮度要求嚴格，而且也講究吃的季節。陽春三月，查干湖冰雪消融，開湖魚既肥且鮮，是吃「剒生魚」的最佳時節。

▌全魚宴

查干湖「全魚宴」是郭爾羅斯根據查干湖盛產的鯉、鰱、鯰、鯽、鱅等十五科六十八種野生魚類推出的極富地方特點，極蘊民族特色，極具大眾口味，極高營養價值的傳統名宴。

「全魚宴」以查干湖的野生鮮魚，特別是獲國家綠色食品認證中心認證的AA級綠色食品和有機食品的查干湖「胖頭魚」等為主料，經燉、煎、炸、爆等獨特的廚藝加工，用小至僅幾釐米長，大至十幾斤重的十幾種甚至幾十種查干湖野生鮮魚做成冷、熱、生、熟俱備，軟、嫩、酥、脆俱全，香、甜、麻、辣俱有的豐盛宴席。查干湖全魚宴按季節的不同，所選用的魚的種類、數量也不盡相同，然四季口味卻都不失鮮美。

▲ 備料

▲ 全魚宴

手把肉

　　蒙古族的手把肉不同於一般的吃肉啃骨，不僅烹製上有許多獨特技藝，而且在食用上也有許多特有的禮儀文化。

　　做「手把肉」多選用草原牧場的兩齡羊，採用傳統的「掏心法」宰殺，因為這樣宰殺的羊由於心臟驟然收縮，全身血管擴張，肉最鮮嫩。宰殺後把羊帶骨分解成若干小塊放在清水鍋裡，不加鹽等調味作料，用旺火煮，原汁原味，營養豐富，易於消化。但目前推出的「手把肉」煮好後大多都再進行二次加工，將大塊再分解成小塊，輔以鹽麵、米醋、花椒、八角、味精、辣椒油、薑絲、蔥段等調味作料進行特殊烹製後再食用，其鮮嫩不變但味道更加獨特。

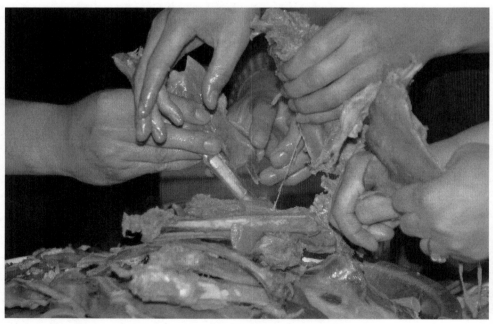

▲ 手把肉

▋奶茶

　　蒙古族人民喜歡喝茶，特別喜歡喝奶茶。奶茶，亦稱蒙古茶。是蒙古人最喜好的不可缺少的飲料。俗話說，牧區「寧可一日無餐，不可一日無茶」。蒙古人喝奶茶歷史很久遠，據史料記載，至少在宋遼時期茶葉就已經大量進入北方草原。

　　在蒙古民族中，茶葉被稱之為「仙草靈丹」。茶葉中含有丹寧、氨基酸、精油、咖啡因和維生素C、B、D等豐富的營養成分，有強心、利尿、養胃、健脾、造血、造骨、解毒、去火、明目、提神醒腦和強化血管壁等藥用功能，還有溶解脂肪，增強人體抵抗力，促進消化等作用。因此，茶葉，尤其是磚茶逐漸在蒙古族人民生活中占據了重要的位置。一日無茶飲，心虛頭暈，飲食不

▲ 牧民珍愛的奶食品器具

香，夜不能寐。傳說，成吉思汗時期，蒙古兵出征無須帶更多的糧草，有了磚茶，便等於有了糧草。人飲磚茶水，耐渴、耐飢、精神爽快；馬食磚茶渣子，勝過草料之功能，日行百里，無疲倦之樣。

蒙古族牧民日常飲用的茶有三種：奶茶、酥油茶、麵茶。蒙古語稱奶茶為「蘇台茄」，酥油茶為「希日陶斯台茄」，麵茶為「珠通茄」。在長期的生產生活實踐中，牧民們還摸索出了豐富的熬茶技術。煮奶茶，通常是將青磚茶或黑磚茶搗碎，抓一把茶裝在小布袋裡（也可不裝袋），放入開水鍋裡煮，茶在鍋裡翻滾時，要不斷用勺子攪拌，三四分鐘後，即把新鮮牛奶徐徐加入。鮮奶與水的比例，可根據自己的條件和習慣把握。奶茶開鍋後，以勺頻頻翻攪，待茶乳交融、香氣撲鼻時即成。奶茶一般為淺咖啡色。喜歡鹹的加點鹽，喜歡甜的加點糖，還有的在喝茶時隨用隨加。此外，有的地方把炒米或小米先用牛油或黃油炒一下，再放進茶裡煮。這樣既有茶香味，又有米香味，可口綿甜，增加食慾。酥油茶是在已經配製好的奶茶裡，再適量放入酥油、紅糖即成。這種茶在隆重的場合上飲用的較多，民間一般熬製不多。麵茶的熬製方法較複雜：先將青稞麵或麥麵用油炒熟，再把事先熬好的紅茶澄清倒入，攪動後比奶茶略稠為宜。麵茶既當茶又可當飯，是牧民冬季食用的茶食。這些種類繁多的茶，獨具風味，細細品嚐起來，真是一種特殊的享受。

馬奶酒

　　蒙古族人民世居草原，以畜牧為生計。馬奶酒、手扒肉、烤羊肉是他們日常生活中最喜歡的飲料食品和待客佳餚。據專家考證，馬奶酒起源於春秋時期，自漢朝便有「馬逐水草，人仰潼酪」的文字記載，極盛於元，流行於北方少數民族已有兩千多年，係歷史悠久的傳統佳釀，一直承擔著游牧民族禮儀用酒的角色。每年七八月份牛肥馬壯之時，是釀製馬奶酒的季節。勤勞的蒙古族婦女將馬奶收貯於皮囊中，加以攪拌，數日後便乳脂分離，發酵成酒。隨著科學技術的快速發展，生活水平的不斷提高，蒙古人釀製馬奶酒的工藝日益精湛完善，不僅有簡單的發酵法，還出現了釀製烈性奶酒的蒸餾法。六蒸六釀後的奶酒方為上品。

　　馬奶酒性溫，有驅寒、舒筋、活血、健胃等功效，被稱為紫玉漿、元玉漿，是「蒙古八珍」之一。曾為元朝宮廷和蒙古貴族府第的主要飲料。忽必烈還常把它盛在珍貴的金碗裡，犒賞有功之臣。當你踏上草原，走進蒙古包後，熱情好客的蒙古族人民便會將美酒斟在銀碗或金盃中，托在長長的哈達上，唱起動人的敬酒歌，款待遠方的貴客，以表達自己的誠摯之情。這時，客人理應隨即接住酒，然後能飲則飲，不能飲品嚐少許，便可將酒歸還主人。若是推推讓讓，拉拉扯扯，不喝酒，就會被認為是瞧不起主人，不願以誠相見等等。主人的滿腔熱情，常常使客人產生難別之情，眷戀之感。

蒙古餡餅

　　蒙古族餡餅是一種風味麵食，據今已有三百多年的歷史。最早是以當地特產的蕎麥麵製皮，牛羊豬肉為餡，採用乾烙水烹的方法製成。明末清初，餡餅麵食從民間傳入王府，由干烙水烹改為用豆油、奶油煎製，並用白麵做皮，成了王府中經常食用的佳品。它以麵稀、皮薄、餡細為特點，烙製後形如銅鑼，外焦裡嫩，餅面上油珠閃亮，透過餅皮可見裡面肉似瑪瑙，菜如翡翠，紅綠相間，煞是好看。用筷子破開餅皮，熱氣升騰，香味撲鼻，引發人們強烈食慾。

▲ 精製蒙古族烙餅

　　蒙古餡餅做法與配料獨特，需用軟麵和細餡。一般是用加鹽的溫水，緩緩倒入盆裡的麵粉上，隨之攪和，麵糰偏軟。再將剁碎的牛（羊）精肉，加入花椒麵、精鹽、蔥薑末、香油、味素，攪拌成餡。製作時將軟麵在手心上攤開，填入餡後搏成包子形，用手輕拍成餅狀，至見餡而不露，最後放到油已加熱的鍋中烙熟。

　　蒙古族餡餅是上等地方美食，是蒙古族人家招待貴客的主要食品之一。每到蒙古族家庭作客，他們會以餡餅這種麵食，作為最好飯食招待來客。漢族有句俗語：「好吃不如餃子」，蒙古族有句常話：「好吃不如餡餅」，看來餃子和餡餅是同等上乘佳品。

蒙古族服飾

服飾介紹

　　蒙古族服飾名稱為蒙古袍，主要包括長袍、腰帶、靴子、首飾等。但因地區不同在樣式上有所差異。以女子長袍為例，科爾沁、喀喇沁地區的蒙古族受滿族影響，多穿寬大直筒到腳跟的長袍，兩側開叉，領口和袖口多用各色套花貼邊；錫林郭勒草原的蒙古人則穿肥大窄袖鑲邊不開叉的蒙古袍；布里亞特婦女穿束腰裙式起肩的長袍；鄂爾多斯的婦女袍子分三件，第一件為貼身衣，袖長至腕，第二件為外衣，袖長至肘，第三件無領對襟坎肩，釘有直排閃光紐扣；而青海地區蒙古人穿的長袍與藏族的長袍較為相近。除了青海以外，男子

▼ 蒙古族頭飾

的服飾各地差別不大。春秋穿夾袍，夏季著單袍，冬季著棉袍或皮袍。蒙古族平時喜歡穿布料衣服，逢年過節或喜慶一般都穿織錦鑲邊的綢緞衣服。男裝多為藍、棕色，女裝喜歡用紅、粉、綠、天藍色。

腰帶是蒙古族服飾重要的組成部分，用長三四米的綢緞或棉布製成。男子腰帶多掛刀子、火鐮、鼻煙盒等飾物。蒙古族靴子分皮靴和布靴兩種，蒙古靴做工精細，靴幫等處都有精美的圖案。佩掛首飾、戴帽是蒙古族習慣。各地區的帽子也有地方特色。內蒙古及青海等地的蒙古族的帽子頂高邊平，裡子用白氈製成，外邊飾皮子或將氈子染成紫綠色作裝飾，冬厚夏薄。帽頂綴纓子，帽帶為絲質，男女都可以戴。呼倫貝爾的巴爾虎、布里亞特蒙古族，男帶披肩帽，女帶翻簷尖頂帽。瑪瑙、翡翠、珊瑚、珍珠、白銀等珍貴原料使蒙古族的首飾富麗華貴。男子的顏色多為藍、黑褐色，也有的用綢子纏頭。女子多用紅、藍色頭帕纏頭，冬季和男子一樣戴圓錐形帽。

服飾特點

蒙古族服飾具有濃厚的草原風格。因為長期生活在塞北草原，蒙古族人不論男女都愛穿長袍。牧區冬裝多為光板皮衣，也有綢緞、棉布衣面者。夏裝多布類。長袍身端肥大，袖長，多紅、黃、深藍色。男女長袍下襬均不開衩。紅、綠綢緞做腰帶。男子腰帶多掛刀子、火鐮、鼻煙盒等飾物。喜穿軟筒牛皮靴，長到膝蓋。農民多穿布衣，有開衩長袍、棉衣等，冬季多氈靴烏拉，高筒靴少見，保留扎腰習俗。未婚女子把頭髮從前方中間分開，紮上兩個髮根，髮根上面帶兩個大圓珠，髮稍下垂，並用瑪瑙、珊瑚、碧玉等裝飾。

此外，比較有特色的還有蒙古族摔跤服。

蒙古族摔跤服是蒙古族服飾中的上乘工藝品。摔跤比賽服裝包括坎肩、長褲、套褲、綵綢腰帶。坎肩祖露胸部，長褲寬大，套褲上圖案豐富，一般為雲朵紋、植物紋、壽紋等。圖案粗獷有力，色彩對比強烈。內褲肥大，用十米大布特製而成。利於散熱，避免汗濕貼於體表，也適應摔跤角力運動特點，使對

手不易使用纏腿動作。套褲用堅韌結實的布或絨布縫製。膝蓋處用各色布塊拼接組合縫製圖案，紋樣大方莊重，表示吉祥如意。服裝各部分配搭恰當，渾然一體，具有勇武的民族特色。

服飾起源

　　蒙古族服飾的起源可以追溯到遙遠的史前時期。遠在舊石器時代，人類就開始用植物的葉子將自己修飾一番，後來又取用打獵得到的獸皮做衣服。在北方游牧民族的岩畫上，可以看出蒙古高原的古人類在腰間圍著一條短短的獸皮裙，頭上插著長長的羽毛，有的臀部還有尾飾。而且當時已經有了大量製作較粗拙的石環、骨飾等物品，說明在很早以前，北方游牧民族就有審美意向和審美追求了。

　　據考古資料證明，蒙古族的服飾與中國古代北方游牧民族的服飾是一脈相

▼ 蒙古袍

承的。據《漢書·匈奴傳》記載，「食畜肉」「皮氈裘」的匈奴婦女的頭飾與察哈爾婦女的頭飾非常相似，而匈奴的服飾文化，又傳給了鮮卑、柔然、突厥等北方游牧民族，當然也傳給了蒙古族。而這些民族服飾的一個共同特點就是適應高原氣候而產生。

蒙古族人民居住於蒙古高原，氣候寒冷，加之以游牧為主，在馬上活動的時間比較長，因此，其服飾必須有較強的防寒作用而且又便於騎乘。長袍、坎肩、皮帽、皮靴自然就成了他們的首選服飾。

蒙古族的服飾具有自己的審美特徵，蒙古族牧民特別偏愛鮮豔、光亮的顏色，這些色彩都使人感到色調明朗、身心歡娛。蒙古族又崇尚白色、天藍色這樣一些純淨、明快的色彩。藍天白雲、綠草紅衣，一種天然的和諧。另外，從蒙古民族服飾的款式看，褒衣博帶，既能體現人體的曲線美，又能體現蒙古牧人寬厚大度、粗獷坦蕩的性格。

▲ 蒙古族服裝表演

蒙古民族服飾，是蒙古民族傳統文化不可分割的重要組成部分。從上古到蒙古汗國，從元、明、清到現代，隨著歷史的發展，歷代蒙古人民在長期的生活和生產實踐中，發揮自己的聰明才智並不斷吸收兄弟民族服飾之精華，逐步完善和豐富自己傳統服飾的種類、款式風格、面料色彩、縫製工藝，創造出了許多精美絕倫的服飾，為中華民族的服飾文化增添了燦爛的光輝。

那達慕

「那達慕」，蒙古語是娛樂、遊藝的意思。那達慕歷史悠久，是蒙古族傳統的群眾性盛會。

銘刻在石崖上的《成吉思汗石文》中就有「一二二五年在布哈齊海地方為慶賀戰功舉行過盛大那達慕大會」的記載。從那以後，多少個世紀以來，每逢慶祝戰功、祭旗點將、軍民歡聚以及盟旗聚會、敖包祭奠、官員陞遷等等都要舉行那達慕大會。那達慕大會多數是在立夏豔秋之季，在遼闊的草原上舉行，各族人民載歌載舞，歡聚一堂，舉行文體和經貿活動。

摔跤、射箭、賽馬三項技能，被稱為男兒「三藝」，是那達慕大會的主要競技活動，蒙古語稱做「額勒固日本那達慕」。

摔跤

摔跤是蒙古族群眾最喜愛的民族體育活動之一。摔跤手（蒙古語稱為「布赫沁」）頭飾和服裝具有濃郁的民族特色。頭纏各種顏色的頭巾，脖頸上掛有五顏六色的飄帶，它是象徵著得勝記錄的「樂阿」，其服裝做工精細、圖案美觀、比較講究。上身穿的摔跤服（蒙古語為「卓鐸格」）是用皮革製的繡花坎肩。嵌有一排排閃閃發光的大銅（或銀）鉚釘（蒙古語為「濤布儒」），衣背部多用團紋圖案裝飾或繡有像徵吉祥的圖案。腰間繫有紅、藍、黃三色綢子做的短裙，下身穿的是白色的肥大的摔跤褲，褲膝蓋上繡有盤腸花、雲字卷等花紋；腳登傳統的蒙古「香牛皮」靴或布製的「馬海」繡花靴。看起來煞是威武、彪悍。

賽前，摔跤健兒都由享有盛譽的長者氣勢豪邁地帶領入場。這時，場上的歌手們唱起渾厚、雄壯的摔跤歌：布赫恩！──帖力唄！

布赫恩！──帖力唄！
你從森得爾草原而來，
勝利信心滿胸懷，
你有雄獅般的力氣，
你有猛虎般的機警，
這摔跤手的技巧啊，
遠近馳名，無不佩服。

　　比塞開始，摔跤手做出雄鷹展翅的姿勢，跳著鷹舞，躍入場內。蒙古式摔跤有詳細的規則，比賽雙方須嚴格按照規則進行比賽。摔跤勝利，歌手們還要唱起讚祝的歌子。蒙古族群眾對取得冠軍的布赫沁，非常敬仰，人們給予他最高的榮譽，稱他為草原上的「布日固德」（雄鷹）。

▼ 摔跤表演

賽馬

自古以來，蒙古族人民的生產、生活中就離不開馬，對馬有著特殊的感情。賽馬也是那達慕大會上不可缺少的比賽項目。

騎手們頭繫豔麗的綢帶，衣著漂亮的彩色蒙古袍，不穿靴子。駿馬頭上、尾上都繫幾條綵帶，一般不備鞍子。當騎手們躍身上馬以後，騎手和駿馬那種待發的急切心情，顯得格外英勇矯健。隨著發令聲響起，比賽開始了，騎手們爭先恐後，比賽場面尤為壯觀。待跑完全程，載譽歸來時，台上朗誦著悠揚的贊馬詞，詞中誦道：

　　有著蓮花瓣似的兩隻耳朵，
　　有著兩隻星星般的眼睛，
　　在那萬人的那達慕上，
　　好似飛箭跑在最前面。

▼ 賽馬

這些年來，蒙古族的賽馬，不僅僅是比速度，而且要在不同形式的賽跑中比技巧。如賽走馬、賽顛馬，還有馬術表演等。

射箭

射箭，蒙古語叫「蘇日哈拉布那」，它分騎射和靜射。

射箭手們，頭上纏著綵綢帶，身著標準的蒙古袍，腰帶繫得緊緊的。

騎射的箭手們，身背弓箭，策馬到起跑線上，發令時，早已按捺不住的駿馬，應聲起跑，箭手同時抽弓搭箭，瞄準箭靶，當射中箭靶時，靶環立即脫落，全場觀眾立刻同聲喝采。

靜射，一般每人射九箭或十二箭，分三輪射完。

你擎起了萬鈞弓啊，
搭上了金色的利箭。
引弓如滿月，
放箭似閃電。
你能射倒聳立的高山，
你能射穿飛翔的大雁，
啊，祝福你！祝福你！

▲ 射箭

▌獻「哈達」

獻哈達，是蒙古族最為隆重的禮儀習俗之一。

哈達，最初是喇嘛教寺廟中一種祭神的用品。隨著喇嘛教的傳入，獻哈達的儀式很快被蒙古族人民接受。每逢貴客來臨、敬神祭祖、拜見尊長、婚嫁節慶、祝賀生日、遠行送別、盛大慶典等重要場合，蒙古族人民都要獻哈達來表達自己的誠心和美好的祝願。

哈達大多以絲綢為料（也有絹紗或普通的白布），顏色除了常見的白色、藍色和黃色外，還有紅色和綠色的，這五種顏色的哈達被譽為「五彩哈達」。

在蒙古族人民的心目中，每一種顏色的哈達都有一個深刻的含意。蒙古人最喜歡藍色和白色的哈達，在他們看來，藍色是自然界最美好、最永恆的顏色，藍色的哈達像藍色的天空一樣，能夠表達出蒙古族人民豁達、美好的心靈。白色，是純潔、吉祥和幸福的象徵，所以，獻給尊者和貴賓的哈達莫過於白色最尊貴了。哈達長度通常一尺三寸到三尺，也有的三尺以上，最長的達到

▼ 獻「哈達」

九尺至一丈二尺，稱「朗翠」大哈達。

　　獻哈達時，主人要根據接受者的身份以及與自己的親疏程度，來選擇哈達的顏色、長度和質地。獻哈達時，主人要把哈達對折起來，將折縫朝向對方，否則就會被視為失禮。向尊者或長者獻哈達時要畢恭畢敬，彎腰前傾，雙手捧哈達，舉過頭頂，以表虔誠。對平輩，則雙手平舉，遞給對方即可。對晚輩，一般只須將哈達直接搭在對方的脖子上，表示祝福。獻哈達象徵著主人對對方純潔無瑕的心情。因此，接哈達的人也要用雙手恭恭敬敬的接過來，把哈達的頭部（指哈達右邊的頭）放在右手掌後，在左手上疊下來，意在避免哈達上面的吉祥圖案的頭部朝下，這是對對方的一種尊敬，接受者還要再將哈達回獻物主。近幾十年來，東部地區的蒙古族除特殊場合仍敬獻哈達外，在民間已經不再敬獻哈達，只是個別地在訂婚換禮等場合偶爾會出現。郭爾羅斯在禮宴上，通常還要向尊貴的客人敬酒、獻哈達。晚輩女子雙手捧著哈達，托著酒杯。受酒的雙手接過酒杯，左手擎杯，右手無名指輕輕沾酒向上彈三下，向地彈三下，表示敬天敬地，然後向自己額頭抹一下，再向敬酒者額頭抹，以示祝福，再舉杯飲下。

　　對尊貴的客人，不僅來時要敬下馬酒，走時還要敬上馬酒，祝客人一路平安。

▌篝火晚會

　　篝火晚會是草原人民一種傳統的歡慶形式。相傳在遠古時代，人們學會了鑽木取火之後，發現火不僅可以烤熟食物，還可以驅嚇野獸，保護自己的生命安全。於是對火產生了最初的崇敬之情。後來，人們外出打獵滿載而歸，互相慶祝獲得了豐厚的戰利品。傍晚，在用火烤熟食物的過程中，便互相拉手圍著火堆跳舞以表達自己喜悅愉快的心情，這種歡慶的形式一直延續到今天，就形成了篝火晚會。

　　馬背民族在草原上舉行篝火晚會，除了歡慶之外還有其特殊的意義。一是草原空曠、蚊蟲較多，燃起篝火不僅可以取暖，也能用煙火驅散蚊蟲；二是草原一望無際，很難辨別方向，點燃篝火既可照明，也可為夜色中行走的人指明

▼ 溝火邊的舞蹈

▲ 溝火晚會

方向；三是草原草木多、野獸也很多，點燃篝火可以驅嚇野獸，保護人、畜安
全；四是草原人民多過游牧生活，居無定所，篝火晚會可隨時舉行，較符合生
活習俗。

　　如今，隨著生活水平的日益提高，篝火晚會已經成為人們文化生活中不可
或缺的一部分。它表達的不僅僅是歡慶的喜悅心情，更多的是草原人民對遠方
尊貴客人表示熱情歡迎的一種形式。篝火晚會一般是在晚宴之後舉行，地點多
選擇在空曠的場地，人們用木桿搭成支架，依次堆壘成垛，首先請遠方的客人
用火把點燃篝火，之後，身著豔麗民族服裝的姑娘、小夥子們便和賓客一起圍
繞篝火載歌載舞。拉起悠揚的馬頭琴，唱起讓人心醉的蒙古族歌曲，跳起優美
的安代舞。篝火映紅了草原的夜空，映紅了人們的笑臉，也在人們心中留下了
一抹永遠豔麗的霞光。

安代舞

安代舞是蒙古族民間重要的群體性傳統舞蹈藝術之一，由演唱與舞蹈兩個部分組合而成。

據《蒙古族大辭典》中相關資料記載，安代舞應源於古代蒙古部落祭祀舞蹈，慶祝戰爭勝利時亦跳之。《多桑‧蒙古史》載：成吉思汗的祖先忽圖剌汗「進擊篾兒乞部時，在道中曾禱於樹下。設若勝敵，將以美布飾此樹上。後果勝敵，以布飾樹，率其士卒，繞樹而舞。」其動作以踏足為主，粗獷有力，歡騰熱烈，充滿著勝利的喜悅。古代蒙古部落許多祭祀性集體舞蹈，一般都是在部落首領統率下，圍繞著高大的神樹而舞。據考證，這種習俗與薩滿的神樹崇拜有關。沿襲至今蒙古人仍用五顏六色的布條裝飾神樹和敖包。

傳統的安代按其內容可分為「阿達安代」（治療魔鬼和婦女相思病）、「烏茹嘎安代」（治療婚後不孕症）、「包勒格道勒呼安代」（求雨）等。其形式可分為「大安代」（在野外舉行）、「小安代」（在室內舉行）等。古代，人們跳安代舞的場所是寬敞的平地。平整土地後，鋪上馬糞或草，再用濕土覆蓋踏實，所以地上的彈性較好。場中央架起一座車軸，軸頂蓋紅布。古老治病安代有固定的程序：首先，由薩滿指揮，在牛皮紙上畫國王牽著一匹大馬，馬背上坐著一位公主的畫像。用繩子拴一雙鞋在兩個樹中間。遠處用秫秸和紙紮成房子，下面挖一個坑。儀式開始，薩滿手持寶劍或單鼓，歌手持「五鳶鞭」，扮皇太后者由兩人扶侍坐在凳子上，不斷敲鼓，歌手唱《贊鞭》。進入勸慰階段時，歌手唱《合珠列》，不見效就唱《波熱》等勸慰歌。見效後，歌手唱《贊茶》，讓病人喝水。隨後，喝過茶的病人會精神振作，舞步輕盈，繞場加快，全場歡動，歌舞進入高潮，歌手改唱《都冷張》。當到病人及其他參加者精疲力竭的時候，薩滿進入收場，薩滿和歌手將病人領到紙房子前，唱《額耶楞》。最後，由薩滿指揮病人撲倒在紙房上，將畫像送到紙房前，同撕紙鳳凰

及紙房一齊燒掉。近期「阿達安代」的程序有準備、開場、高潮和收場階段。前期準備階段為薩滿和病人親友商定時間和規模，時間多在夏、秋之間，短則七天，長則二十一天，最長可達四十天，隨後在村邊選方圓二十一雙步場地，翻土三尺左右，鋪上雜草或馬糞，覆蓋濕土踩實，增強彈性。正中豎車軸，謂之修場。安代治病活動開始時，由兩個俊俏的男青年攙扶病人入場，坐在車軸旁的長凳上，頭髮向前披散遮面，雙手合掌，並拈一炷香。眾人圍成圓圈後，薩滿與歌手上場唱《贊鞭》等勸慰歌曲，歌手左手叉腰，右手在胸前上下甩動。同時示意病人抬起頭，或雙手同時向身體兩側、兩腿中間甩動，從病人頭髮縫隙中察言觀色，詢問病源，並一直唱著。等到病人開始說話和起舞時，越來越多的人形成幾個場子，出現「爭場」對歌局面，眾人手拉手圍成圈，頓足踏步，不然病人會被另一個場子吸引走，這時的歌手追隨病人在人群中鑽來鑽去。最後收場時，人們將紮好的紙房子和紙人燒掉，並在三叉路口挖一個三角

▼ 安代舞表演

形的坑，放入五穀雜糧和病人需要的東西，然後埋好。

　　傳統安代舞中常以歌相伴，歌唱是安代舞的主要特徵。「踏步」「跺腳」「甩巾」及自定圍圈是安代舞通常使用的基本步伐。在安代舞的發展過程中蒙古族人加入了大量的民歌、好來寶、祝讚詞。舞與歌，舞蹈與說唱有機的結合為一體，逐步形成了幾十種曲目。安代演唱有一定的程序，古老的、中期的和近代的演唱內容基本相同，形式略有差異，史籍和傳說都可以證明。但傳統的安代由薩滿主持儀式，歌手和擅長安代演唱的男人共同舞蹈，病人跟隨，眾人圍觀，在高潮時呼喊助威，並逐漸由伴唱發展到頓足伴舞。後來，參加安代的人多了，唱調和曲調也豐富起來，出現對歌、爭場的活潑氣氛時，舞者的動作越來越激烈，參與者越來越多，載歌載舞的成分不斷增加，幾乎成為娛樂舞蹈。傳統安代的法器是歌手的領舞鈴鞭，演唱時無器樂伴奏，舞者隨歌而舞，歌曲節奏鮮明，舞蹈動作簡單。後來參加者效仿靈鞭的舞動，甩起了手帕、腰帶、

▼ 安代舞表演

袍襟以至綢巾。在從傳統到近代的發展過程中，經老藝人、第二代藝人和專業、業餘文藝工作者加工，揉進蒙古族舞蹈中肩的動作和韻律，增加「向前衝跑」「凌空踢腿跳」「雙臂掄綢」等動作。這些動作以「踏足」「頓足」「甩巾」及自然圓圈隊形為特點，仍然具有蒙古族古老的繞樹而舞的習俗，動作粗獷豪放，又不失抒情、優美。其風格特點為「甩巾輕搭肩，起步必踏足，頭身隨手擺，舞姿爽且美」。

安代舞有強烈的自娛性，明顯地體現了舞蹈者對大地依戀的情感。過去，一般是人們感到「歌之不足」，只有「舞之、蹈之」才足以抒發內心的歡快時才跳安代舞。安代舞具有鮮明的民族風格，濃郁的生活氣息，舞蹈步伐簡單易學，唱調隨跳隨編，樸實、紅火、富有感染力。男女老少均可入場歡跳，不受時間、地點的限制。舞圈內熱烈歡騰的歌聲，節奏強烈的踏地舞步，翻飛飄蕩的彩巾，使跳舞者的情緒越來越高漲，參加的人有時多達成百上千人。

在前郭縣的社會文化事業中，安代舞占有重要位置，歷經傳承，舞蹈語言

▼ 安代舞登上央視舞台

新穎豐富，具備了多種審美特徵，被各種形式、內容的歌、舞等表演藝術普遍應用，成為比較完善的舞蹈藝術。在民間普及的同時，也逐漸由民間藝術發展到了舞台藝術的黃金時代，對弘揚蒙古族民間舞蹈藝術有著舉足輕重的作用。

　　千百年來，在郭爾羅斯的查干花、前郭鎮、烏蘭敖都、烏蘭圖嘎、東三家子、長山等蒙古族聚居地區，民間廣泛流傳著這項群眾性的舞蹈。「五‧四」運動以後，新文化的思潮影響衝擊了安代這一古老的民間藝術形式，安代逐漸從宗教迷信中解脫出來，內容上進一步發展，形式上更完善、更多樣化。經過幾代民間藝人的挖掘、整理和創編，安代舞從一種薩滿活動演變成廣場藝術活動，成為健康向上的民族藝術奇葩。多年來，前郭縣在舉辦那達慕、縣慶等大型文體活動時，通常都以民族學校的學生為主進行團體表演，主要作品有《慶豐收》《火紅的安代》等，在前郭縣蒙古族中學、蒙古族幼兒園、民族歌舞團等單位和一些蒙古族村屯，都有大量熟練掌握安代舞技能的文藝工作者和民間藝人。其中，于華被確定為省級代表性傳承人，劉偉被確定為縣級代表性傳承人。如今，這項傳統的舞蹈藝術已經成為群眾文化活動的一個重要項目，世代傳承，深受歡迎。

　　如今，前郭縣的文化、教育等部門以及各民族鄉鎮都將安代舞表演藝術提升到一個新的發展階段，積極鼓勵和培育安代舞表演藝術，大力為安代舞提供傳承、創編、表演的條件、機會和陣地，以滿足人民群眾生產生活和精神文化生活的需要。目前，全縣共有四所學校開設了安代舞教學課程，學習安代舞的學生人數已達二千餘人。此外，前郭縣累計投入一八〇多萬元，用於購買安代舞服裝、蒙古靴、綢巾、哈達等演出用具。同時，各文藝團體也不斷加強安代舞的藝術創作和演出，成為弘揚傳統民間藝術的生力軍。廣大群眾也正日益瞭解和喜愛安代舞，成為大眾的健身項目。例如，前郭縣老年體協組織的蒙古族老人安代舞隊，經常活躍在社區街道，在群眾文藝比賽中，也受到了一致好評。今天，安代舞如火紅的薩日朗，在郭爾羅斯民族文化藝術的原野上綻放得更加豔麗奪目。

漢族秧歌會中的「撅桿」與「燈官」

秧歌

　　「秧歌」是漢族具有代表性的一種民間舞蹈形式，主要流行於中國北方地區，起源於農業勞動。因流傳地區不同，有東北秧歌、陝北秧歌、山東膠州秧歌和鼓子秧歌等等。東北秧歌以「高蹺」為代表，演出中還扮演各種人物，如《西遊記》中的孫悟空、唐僧、豬八戒、沙僧；《白蛇傳》中的白蛇、青蛇、許仙、法海；《小老媽開店》中的老媽、小姐、公子；《封神榜》中的哪吒；《瞎子觀燈》中的瞎子；《紅樓夢》中的寶釵等等。解放後秧歌舞興起，後演化成地秧歌。而後又把「旱船」「老漢推車」「龍燈」等分離出去成為獨立的

▼ 秧歌匯演

秧歌藝術。在郭爾羅斯經藝術再創作，產生了有情節的雜耍藝術——「撅桿」。

「撅桿」，為漢族民間娛樂形式，其姊妹藝術多種，統稱「五桿」，包括撅桿、舉桿（也稱「舉哥」「擎哥」）、抬桿（也稱「坐花桿」）、轉桿（也稱「轉閣」「抬閣」）、背桿。這五桿之間互有影響，清末、民國流傳到吉林各地。南宋周密所著《武林舊事》卷三載：「以木床鐵擎為仙佛鬼神之類駕空飛動，謂之『台閣』。」「文化大革命」後，撅桿在前郭縣各地有發展，成功表演了《哪吒鬧海》《三打白骨精》《水漫金山》《科技興農》等節目。《哪吒鬧海》：在車上架一槓桿，槓桿一端有一條龍，哪吒表演者騎在龍身上，木貢桿一壓，巨龍騰空而起，哪吒做各種表演，頗為壯觀。《轉閣》：在車上架一旋轉舞台，台下飾有綵綢，車子邊前進，舞台邊旋轉，小演員們在台上扮演各種戲劇人物。

燈官會

解放前，吉林省漢族群眾有在燈節（元宵節）期間辦「燈官會」的習俗。燈官會流行很廣，傳說源自宋代。包公陳州放糧，李國母告御狀之後，包公巧設燈會使母子相認。從此仁宗下令設燈官（名為「燈政司」）辦燈會。

燈官會一般都在正月十四、十五、十六三天進行。燈官，是民間假扮的，任期三天，管理燈節一切事務，這個「官員」雖不是官府委託，任期又只三天，然而他對燈節燈事卻有莫大的權力。這種權力，民眾樂於接受，當地政府也基本默認。燈節期間，燈官每天都要沿街巡視。

▲ 元宵節焰火

巡視時，最前列有二人鳴鑼開道，有二人打狼牙旗，接著四人執「燈政司」和「肅靜」「迴避」的四面牌子。另有四人手持板、棒、鎖鏈。其後，燈官身穿清代蟒袍，頭戴清代朝冠，乘敞篷小轎（也有的地方，燈官坐獨桿轎，似「抬桿」），燈官左右有四位察燈者，他們邊走邊舞。燈官娘子珠翠滿頭，花枝招展，騎一頭驢，旁有侍女服侍。鼓樂隊置於最後。燈官巡行，一路察燈，時而縱目觀察，時而眉開眼笑，幽默開朗，滑稽可笑。遇有不掛燈者，立即停轎，傳來主人，問，「燈官老爺察燈，你為什麼不掛？是認打還是認罰？認打打你四十大板，認罰罰你四十支蠟。」不掛燈的乖乖地認了罰。

　　辦燈會期間，即使是達官貴人遇到燈官，也要讓路。若有不服者或打仗鬥毆、擾亂燈會者，無論官人、平民，都一視同仁受到懲罰。如若不服，據說也可押在監內，但是燈官三天任期一滿，就要到第二年結案。

滿族太平鼓會

太平鼓，舊稱單鼓。源於滿族古代祭祖、酬神活動。

郭爾羅斯滿族與各地滿族一樣自古信仰薩滿教。每年秋季，莊稼上場，便要舉行隆重的薩滿跳神儀式（俗稱跳「單鼓子」），家祭主要是喜慶豐收並祈祝人丁興旺。

自古以來，家祭由本族族長（穆昆達）和本戶家主主辦祭禮。由本族薩滿率領閣家向自然神、祖先神舉行祭祀。從前祭期七天、五天、三天不等，近世多改為一天。

往昔，滿族名門大戶祭天禮多在村外郊野舉行，稱郊祭、野祭。清末祭天禮日漸簡化，多在宅院中舉行。院內東南隅，堆放三塊大石，象徵神山，並在石塊中間矗立一根高九尺的榆柳木桿，稱索羅桿，或稱神桿。祭祀儀式上由薩滿領祭，誦唸神歌，全家族跪於庭院磕頭拜天、叩祖。

滿族進入郭爾羅斯多在民國年間，且無名門大戶，因此祭祖多採取「跳單鼓」的方式。

太平鼓是一種有柄的單面鼓，形似蒲扇，用扁形鐵條為圈，蒙以驢皮或羊皮。柄下端鐵圈上有小鐵環數枚。表演時左手持鼓，右手執一鼓鞭（竹製下綴紅絨穗），邊舞邊擊，鼓和小鐵環發出有節奏的響聲。邊舞邊唱：「馬跑喧揚地，來到萬寶莊，神屋藏信仰，大拜祖先堂。」

從「開壇鼓」起，從室內到室外，再回到室內，依次唱《請麟童》《請土地》《闖天門》《開光》《點將》《闖四營》《安坐》《排張郎》《送神》等二十二段唱段。

滿族祭祖在唐代（「靺鞨」時期）加入了「祭亡靈活動」，相傳是唐太宗李世民跨海東征返程遭遇海上風暴（民間傳說是滿蒙先民隨征亡靈討封），唐太宗舉行海祭准他們世世代代在民間享受祭祀。滿、漢族單鼓唱詞，以及蒙古

「薩滿神詞」都有這種起源敘述。《吉林通志》卷二十七，輿地志十五記載：「每於春秋二時行之」。從大量史料看，單鼓藝術盛於清初。清何耳編《燕台竹枝詞》載詩：「鐵環振響鼓蓬蓬，跳舞成行歲漸終，見說太平都有像，衢歌聲與壤歌同。」太平鼓的舞蹈豐富多彩，尤其是打小鼓的獨舞表演更為突出。小鼓獨舞的節奏複雜多變，有時輕緩抒情，有時鼓點短促清脆，有如爆豆。耍鼓也有很高的技巧。只見鼓在舞者手中時而旋轉，時而拋起。有時兩手各耍一鼓，花樣繁多。再加腰鈴，更別有一番氣勢。「跑天門圈子」時，單鼓藝人隨著舞蹈移動，腰鈴嘟嘟作響，單鼓與腰鈴配合擊奏，鈴聲、鼓聲參差錯落，更是火爆熱烈。

在民國後期和東北淪陷期，郭前旗單鼓祭祖活動很活躍。甚至它從滿族走出，在部分漢族家庭也流行起來。至解放初，隨著社會整治逐漸消失。滿族祭祖也只在春節時自家焚香上供祭祀。建國後，太平鼓演變為民間娛樂。前郭縣歌舞團的太平鼓群舞、獨舞頗受人稱讚。

朝鮮族農樂舞會

　　農樂舞，朝鮮族民間歌舞形式，舊稱「豐錚」「乞軍」「乞窮」「軍物」等。據朝鮮古文獻記載，農樂舞早在朝鮮三國時期就已產生。在中國流傳於東北地區。大致可以分為農樂舞、農樂戲、農樂歌。近代多在豐收後和節慶日進行。

　　農樂舞沒有固定的模式，由各式各樣的舞者在鑼、大金、小金、長鼓、鼓、小鼓及吹奏樂器、絃樂器伴奏下，邊歌邊舞。大體上形成圓圈，邊跳邊轉。跳舞沒有統一要求和模式，有的跳即興舞，有的根據節奏三五成伙跳，有的單獨表演拿手的個人技巧。舞蹈形式包括對舞、上帽舞、偽面舞、長鼓舞、小鼓舞等，歡快而富有節奏，其中上帽舞尤為精彩。

▲ 農樂舞

　　所謂「上帽舞」，就是舞者頭戴「象帽」，帽頂卷有幾米到十幾米長的「象尾」（彩紙條）。舞到高潮時，舞者甩開紙條，一面用頭甩動「象尾」，使「象尾」飛速旋轉，一面表演各種舞姿，全舞節奏由慢轉快。隨著舞者的各種動作，紙條也在飄舞，忽而像彩環旋轉，忽而像飛龍戲耍，令人眼花繚亂，笑聲不絕。舞蹈歡騰喜悅，充滿活力，表現出勞動人民熱愛勞動和慶祝豐收的歡樂情境。

　　農樂歌是伴同農樂舞的民歌演唱，農樂戲已較少見。農樂舞已被聯合國教科文組織列入世界非物質文化遺產保護名錄。

查干淖爾冬捕習俗

「查干淖爾」係蒙古語，即查干湖，漢意為白色的湖泊。因為蒙古族崇尚白色，所以也稱之為「聖潔的湖泊或聖水湖」。

查干淖爾冬捕是郭爾羅斯草原特有的民間漁業生產與民族祭祀活動相結合的古老民俗。以其神祕、神奇、神聖而令世人震撼。

早在一萬三千多年前的舊石器時代晚期，查干湖水域的東岸——青山頭，就有古人類（青山頭人）居住，一直到距今四五千年左右的新石器時代，古人類仍然在這裡繁衍生息。在得天獨厚的查干湖畔，原始部落男女追獐逐鹿、捕魚撈蝦，不屈不撓地開拓了人類文明發展之路，創造了舉世矚目的原始文化和古代文明，留下了古老神奇的冬季捕魚技術和生產、生活的習俗。

▲ 祭湖醒網儀式上的蒙古少女

▲ 祭湖醒網儀式

　　中國東北地區東北有著久遠的漁獵歷史，查干湖歷史上就是天然的漁獵之地。冬季捕魚在遼金時期以「捺缽」形式盛行，從遼聖宗到天祚帝都有遼王到查干湖進行破冰捕魚的記錄。蒙古族歷史上崇拜天地山川，素有祭天祭山祭水之俗。一二一一年，成吉思汗占領金國塔虎城後，對查干湖進行了祭祀，產生了祭湖儀式。加之心存「萬物有靈」的漁民對工具的崇拜，冬捕前要進行一種祭祀儀式──「醒網」。於是祭湖、醒網儀式逐漸固定和民俗化，形成了神奇的冬捕習俗，在查干湖世代傳承。

　　到了冬季，查干湖百色歸一，冰封雪飄，呈現出一派冰雕玉琢的北國風光，此時也正是捕魚繁忙季節，到處呈現神奇的習俗和收穫喜人豐收的景象。其分布區域是查干湖及其周邊地區，主要是八郎、蒙古艾里、長山、平鳳等鄉鎮，尤其以國有的查干湖、庫里泡、新廟泡等漁場為重點生產區域。因為這項古老的捕魚習俗是參與者較多的群體性非物質文化遺產項目，所以沒有確定代

表性傳承人。

冬捕是群眾性的生產習俗。參與其中的傳承者較多，既有熟悉祭祀禮儀的族人，又有掌握生產技術的「漁把頭」，還有薩滿或喇嘛以及祝詞家等等。相傳，第一代漁把頭叫「巴圖」，其祖輩是蒙元時期隨征戰大軍遷徙到查干湖一帶的古郭爾羅斯部落人。他雖然貧困，但非常聰明。有一年冬季連降大雪，百姓饑荒嚴重。為生計而苦惱的巴圖在夢中經人指點，結合前人的經驗，自創網具，並帶領著二十幾人在查干淖爾冰上打下了第一網。他們用麻網、木輪、人絞網，一網打出三十六筐的魚，人們歡呼雀躍，尊「巴圖」為「漁把頭」（即「幫頭」的意思），後來一代代相傳直至今天，代數已不詳。如今雖科技發達，但查干湖冬捕仍沿用著最原始的方法，保留師承的古老習俗，有「漁把頭」多人，並且隊伍不斷擴大，世代傳承。

查干湖的漁獵活動歷史悠久。據考證，遼代已開始了大規模的冬季捕魚，且其禮俗日漸豐富。出土的捕魚工具證明，遼代契丹人使用的主要是大勾，後期出現了量子、大網等。據史料記載，量子在乾隆年間就已開始出現在查干湖及其周邊地區。大網則始於同治年間。野泡網直至近代才出現，大約在一九三〇年以後可見，當地捕魚的作業方式不斷改進，但古老的傳統世代沿襲至今。

查干湖的「祭湖醒網」有兩層含義：一是通過祭湖祭祀天父、地母、湖神，保佑萬物生靈永續繁衍，百姓生活吉祥安康；二是通過祭網，喚醒已經沉睡的漁網，張網下湖，順暢平安。

按照世代傳承的習俗，查干淖爾冬捕習俗主要有四項活動：一是生產和祭祀的準備階段；二是「漁把頭」拜神和開網宴；三是「祭湖醒網」儀式；四是捕魚作業。其中，傳承和創新發展至今的「祭湖醒網」儀式主要有薩滿舞祭、喇嘛誦經、跳查瑪、祭湖神等。一般在每年明水捕魚前的初春、冰雪捕魚前的初冬分別舉行，後者十分隆重，萬眾矚目。主要活動的詳細內容如下：

（1）準備

查干湖冬捕在每年入冬（11月份）開始前期的準備工作。

首先是網具及其附屬工具的準備。將網進行檢修，按技術要求，重新裝備——俗稱「裝網」。一趟網由九十六塊網（也有100塊的）和一個肚兜（網肚）組成。按照習俗，網肚修完後要裝上五穀雜糧，意即希望它飽獲而出。其他工具也同時重新修理、製作。

　　其次是人員的組成及車馬的配置。

　　冬網是集體的勞作項目。人員的組成為：「漁把頭」一名、副手一名、跟網人十二人、打鏘八人、扭矛和走鈎各四人、小套（小股子）二十人、送旗（燈）四人、打更二人、車老闆三人，還有做其他雜活人員，共六十人左右，他們統一由「漁把頭」按技能、素質及體力等情況嚴格分配，明確任務。做到冬捕時忙而不亂，有條不紊。

　　在車馬的準備上，一趟冬網必須選三掛馬車、三付爬犁，選健壯駿馬十二匹，在開網之前十五天用精細草料餵養，確保冬捕時馬能經受住嚴寒和超負荷

▼ 出發「打紅網」

勞動的考驗。

（2）祭湖神和開網宴

準備工作結束之後，「漁把頭」要祭湖神和舉行開網宴。

祭湖神是「漁把頭」單人親自到「湖神廟」前（現在一般都在湖岸邊的龍王廟），焚香、跪拜湖神，祈求平安，多出紅網。

拜祭湖神後，「漁把頭」要舉行開網宴，俗稱「飽肚」。開網宴必須殺羊，將羊的胃摘下，用「五穀」盛滿，用紅綢九尺裹好，由「漁把頭」親自將它投入湖中，祈求冬捕時網肚滿是魚獲物。「開網宴」上，「漁把頭」宴請上冰入湖的四梁八柱（骨幹人員），擺上菜倒上酒後，「漁把頭」將酒高高舉起，對每個人仔細囑咐一遍，然後大家一同進餐，飽食盛宴。這就是開網宴。

（3）「祭湖醒網」儀式。

開網前，由「漁把頭」根據冰層厚度，請喇嘛來確定黃道吉日，舉行神祕的「祭湖醒網」儀式。

郭爾羅斯蒙古人祭祀查干湖一般在春夏之交和冬季舉行。春季大湖水面融化後，開始明水捕魚前要舉行「祭湖醒網」儀式。冬季選在冰凍四十釐米厚時，開始冰下捕魚前舉行「祭湖醒網」儀式。千百年沿襲下來帶有濃郁宗教色彩的「祭湖醒網」儀式流傳至今，所表達的是郭爾羅斯人對美好生活的祝願，對大自然恩惠的感激。

「祭湖醒網」的場面非常壯觀，並帶有幾分神祕與神奇。首先要在選好的場地上佈置祭壇，春季在湖岸山地上，冬季在冰面上。祭壇設置方向按祭祀時間確定，

▼ 冰湖獵手

一般在上午舉行，面向太陽。祭壇兩側各設一根蘇魯錠。祭壇上擺放貢品和喇嘛誦經用的各種法器。祭壇前設置九處用來燃放聖火的「火撐子」，儀式開始時點燃聖火。九處「火撐子」前中間位置鑿開一冰洞（明水期不設置，直接向湖面扔貢品），用來向湖中拋灑貢品。

「祭湖醒網」儀式沿襲至今，主要有以下程序：喇嘛誦經；喇嘛帶面具按順時針方向繞聖火跳查瑪舞；族人領袖誦祭湖詞；「漁把頭」誦醒網詞；族人領袖、喇嘛大師、「漁把頭」等將供品向冰窟湖水中拋灑，同時有蒙古族青年在場外跳安代舞；德高望重的族人為漁民賞賜壯行酒。但古時由蒙古「博」按照薩滿傳統進行祭祀，內容和形式與此不同。

（4）捕魚

喝完壯行酒之後，隨著「漁把頭」一聲「上冰」，所有參加冬捕的人員跳上拉網車或爬犁，三掛大馬車六十多號人，浩浩蕩蕩開赴冰上作業。這時鞭炮齊燃，硝煙瀰漫，輕雪飛揚。趕馬車的吆喝聲、「漁把頭」的號子聲、爆竹聲、喇嘛的誦經聲、馬鈴聲、鼓聲、號角聲，在查干湖上飄蕩，使寂靜的雪野充滿了誘人的魅力。

網車到達網場後，由「漁把頭」確定位置，俗稱「畫窩子」，「漁把頭」根據湖的底貌及水深，確定位置後，開鑿第一個冰眼為下網眼，再由下網眼向兩邊各數百步（方向是與正前方成70-80度角）確定翅旗位置，插上大旗（或燈），「漁把頭」再由翅旗位置向正前方走數百步，確定為圓灘旗，再由兩個圓灘旗位置去前方數百步處匯合，確定出網眼，插上出網旗，這幾桿大旗所規劃的冰面，就是網窩。網窩的大小方向形狀、「漁把頭」送旗的角度、準備等，都是「漁把頭」師承下來，並在實踐中不斷豐富和完善，具有較多高的知識和技術含量。

「漁把頭」插出翅旗後，由打鑔的沿下網眼向翅旗處每隔約十五米鑿一冰眼，之後下穿桿（長18-20米的細桿），用走鉤將插入冰下的穿桿推向下一冰眼。穿桿後端繫一水線繩（現在常用聚乙烯繩），水線繩後帶大條，大條後帶

網，馬拉馬輪子絞動水線繩、大條帶著大網前進，由跟網的把頭用大鈎將網一點點放入冰下，並隨時掌握網的輕與沉，兩側網前進到出網眼後，已將整個網全部下入水中，此時水中的魚全部圍在網中。

接下來是出網。人們將出網輪上的旱條和卡鈎並用，把雙側網合併一起，由三匹馬拉動出網輪，緩緩絞出大網。合併後的兩線大網一次同時拉出六塊，稱為一拉。通常是九十六塊網組成的一張大網，分十六次拉出。收穫過程中，第一拉沒魚，第二拉開始出魚。出魚時，掛在網上的魚直接隨網拉到冰面後摘下，浮在出網口的魚，用「撈子」撈出。由於每拉都不斷縮小網圈，迫使魚群後移，更多的魚便集中在最後的幾拉網中。最後被拉出的魚網俗稱為「網

▼ 前吉林八景之一——騰魚

肚」，也就是網後端的一個大兜兒，一個網肚最多能容納萬斤的魚，撈完網肚中的魚後，將網肚拽出冰面，將魚裝車運走。由打鏟、扭矛、走鉤的人將用完的網裝到爬犁上運走，至此一網的冬捕結束。網的作業時間，通常要連續勞作八九個小時。

查干湖「祭湖醒網」儀式的主要用品有祭祀用的供品、器物、服飾等。其中服飾主要有羊皮襖、貂皮帽子（老把頭戴）、棉帽子、靰鞡頭、大頭鞋、手悶子和手套，還有其他的蒙古袍、蒙古靴、喇嘛服等。捕魚作業所需的用品用具主要有網、爬犁、絞盤等。

查干淖爾冬捕最原始的網是「麻網」，人們將麻披紡成經，纏在「線桄」

上，再用麻經織成網片，網片穿上兩根麻繩作為綱，網綱分上下綱，上綱裝上小木塊作為網漂子，以保浮力，下綱裝上用泥燒製的泥絞子，確保網具沉入湖底，現在都已改進，網線為聚乙烯線，網漂子用泡沫浮子，底絞用鑄鐵製成。

冰雪爬犁是裝網和運輸網具的工具，用鐵管焊成，上面縱向放幾根松木桿，以便裝網。

絞盤俗稱馬輪子，分為網輪和翅輪兩種，均由輪胡和底盤組成，在冰上可以拉走，用來絞大條和旱條用。

輪桿為木質，一頭插入馬輪中，另一頭套在馬身上傳輸動力的動力臂。

冰鏟是由鐵匠專門打製的破冰工具，由鏟頭、木把和提手組成，開鑿冰眼用。

冰崩子是用來撈冰的工具，由冰崩頭和桿組成，頭部由小鐵圈加鐵網組成。

扭矛走鉤是前方用來回勾的鐵器，用以調整傳桿方向和移動傳桿的工具。

大條與水線繩均是聚乙烯繩，只是粗細不同，大條直徑一釐米左右，長八十釐米左右。

還有旗和風燈，用以指示方向和位置。

創斧是用來打卡或固定馬輪時使用，主要用於打擊或修理工具。

自古沿襲的查干湖冰雪捕魚，體現了北方蒙古族草原文化、漁獵文化和農耕文化相融合而形成的獨具特色的查干湖漁獵文化，反映了郭爾羅斯文化的唯一性和包容性。

由於郭爾羅斯草原久遠的歷史文化積澱，使查干湖冬捕造就了北方特有的古老、神祕、隆重的民俗活動，加之美好的生態環境，古老的漁獵方式，使捕魚場面更加壯觀，為國內外罕見，被譽為「世界奇觀」。此外，查干湖水質無污染，所產魚類居國家級綠色食品前列，被國際組織認證為有機食品。雖然先進科技水平不斷提高，但查干湖冬捕仍沿用原始的捕魚方法，沿襲傳統的捕魚習俗，避免了現代機械對湖水的污染，同時，前郭縣嚴格控制捕魚數量，有效

保證了漁業的持續發展。

　　查干湖冬捕這項優秀的民俗遺產是郭爾羅斯歷史文化積澱的產物，對於這種習俗的傳承與研究，有助於認識和瞭解郭爾羅斯地域民俗文化和漁獵文化及其發展史。對其進行挖掘與保護，可以促進民族文化事業的發展，更好地加強精神文明建設，為經濟建設和社會發展提供動力。查干湖冬捕習俗已被吉林省旅遊局定為「吉林八景」之一。

吉林文庫 A0703A10

文化吉林：前郭爾羅斯卷

主　　編	莊　嚴	
版權策畫	李　鋒	
責任編輯	林以邠	
發 行 人	陳滿銘	
總 經 理	梁錦興	
總 編 輯	陳滿銘	
副總編輯	張晏瑞	
編 輯 所	萬卷樓圖書股份有限公司	
排　　版	菩薩蠻數位文化有限公司	
印　　刷	維中科技有限公司	
封面設計	菩薩蠻數位文化有限公司	

出　　版　昌明文化有限公司

桃園市龜山區中原街 32 號

電話　(02)23216565

發　　行　萬卷樓圖書股份有限公司

臺北市羅斯福路二段 41 號 6 樓之 3

電話　(02)23216565

傳真　(02)23218698

電郵　SERVICE@WANJUAN.COM.TW

大陸經銷　廈門外圖臺灣書店有限公司

　　電郵　JKB188@188.COM

ISBN 978-986-496-255-6

2018 年 1 月初版

定價：新臺幣 380 元

如何購買本書：

1. 轉帳購書，請透過以下帳戶

　　合作金庫銀行　古亭分行

　　戶名：萬卷樓圖書股份有限公司

　　帳號：0877717092596

2. 網路購書，請透過萬卷樓網站

　　網址　WWW.WANJUAN.COM.TW

大量購書，請直接聯繫我們，將有專人為您

服務。客服：(02)23216565　分機 610

如有缺頁、破損或裝訂錯誤，請寄回更換

國家圖書館出版品預行編目資料

文化吉林. 前郭爾羅斯卷 / 莊嚴主編.-- 初
版.-- 桃園市 : 昌明文化出版 ; 臺北市 : 萬
卷樓發行, 2018.01

　冊 ;　　公分

ISBN 978-986-496-255-6(平裝). --

1.人文地理　2.文化史　3.吉林省

674.2408　　　　　　　　　　107002119

本著作物經廈門墨客知識產權代理有限公司代理，由時代文藝出版社授權萬卷樓圖書
股份有限公司出版、發行中文繁體字版版權。